职业教育城市轨道交通理实一体化系列教材

城市轨道交通列车自动控制系统维护

主　编　杨　绚　张　菊
副主编　李　桃　李　莉　张利彪
参　编　董飞飞　刘金梅　张　荐

机械工业出版社

本书对标列车自动控制系统的工作过程、设备维护与故障诊断，着重强化学生在认知基础上进行实操，并在操作过程中掌握方式方法和标准化流程。本书依照企业的"区域责任制"构建了模块化教学内容，融入无人驾驶设备新技术，重在培养学生对列车自动控制系统的分析、诊断和修复能力。全书共包括5个项目，项目一整体介绍城市轨道交通列车自动控制系统的发展、类型、结构及其关键技术；项目二、项目三、项目四按照列车自动控制系统区域划分，分别对中心列车自动控制系统、车站列车自动控制系统以及车载列车自动控制系统所包括的设备以及维护检修内容进行讲述；项目五针对先进的FAO列车自动控制系统进行介绍，包括列控系统自动化等级的划分、FAO系统新增配置等。

本书可作为职业院校城市轨道交通类相关专业的教学用书及实训教材，也可作为地铁运维和施工单位的培训教材。

本书教学配套资源丰富，配有电子课件、电子教案和动画视频等。凡选用本书作为授课教材的教师均可登录www.cmpedu.com以教师身份注册后免费下载教学资源，咨询电话010-88379201或加QQ1006310850索取资料。

图书在版编目（CIP）数据

城市轨道交通列车自动控制系统维护/杨绚，张菊主编.—北京：机械工业出版社，2023.7

职业教育城市轨道交通理实一体化系列教材

ISBN 978-7-111-73247-1

Ⅰ.①城⋯　Ⅱ.①杨⋯　②张⋯　Ⅲ.①城市铁路-自动控制系统-维修-高等职业教育-教材　Ⅳ.①U239.5

中国国家版本馆CIP数据核字（2023）第094888号

机械工业出版社（北京市百万庄大街22号　邮政编码100037）
策划编辑：于志伟　　　　责任编辑：于志伟
责任校对：李小宝　贾立萍　封面设计：张　静
责任印制：刘　媛
北京中科印刷有限公司印刷
2023年8月第1版第1次印刷
184mm×260mm・13.5印张・341千字
标准书号：ISBN 978-7-111-73247-1
定价：48.90元（含附加页）

电话服务　　　　　　　　网络服务
客服电话：010-88361066　机　工　官　网：www.cmpbook.com
　　　　　010-88379833　机　工　官　博：weibo.com/cmp1952
　　　　　010-68326294　金　书　网：www.golden-book.com
封底无防伪标均为盗版　　机工教育服务网：www.cmpedu.com

前　言

随着城市现代化的发展及城市规模的不断扩大，城市轨道交通已成为解决现代城市交通拥挤的有效手段，其最大特点是运营密度大、行车间隔时间短、安全正点。在确保行车安全的前提下，为了实现列车快速和高密度运行，必须缩短列车运行的空间间隔，并将列车自动运行和运营管理有机结合起来，进一步提高运输能力和服务质量，其关键就是发展列车自动控制技术。城市轨道交通列车自动控制系统是保证列车运行安全，实现行车指挥和列车运行现代化，提高运输效率的关键。

为深入贯彻党的二十大精神，切实提高职业教育的质量和吸引力，培养更多高素质技术技能人才及能工巧匠，本书通过调研分析城市轨道交通信号维修技术岗位，提炼出典型工作任务，总结出关键职业能力。坚持"以教促产、以产助教、产教融合、产学合作"的原则，通过校企合作编写教材，将新方法、新技术、新工艺、新标准引入教材。以培养专业能力为主线，将党的二十大精神融入教材，全面落实"立德树人"的根本任务，发挥"铸魂育人"的实效。

本书以项目任务为导向，由在城市轨道交通一线工作的企业专家指导编写完成，内容贴近实际生产需求，具有可操作性，包含主教材与任务工单。本书由5个项目，计15个任务构成，每一个项目中包含若干个任务，任务实施中重点练习相应岗位必备的能力点，在完成基本知识储备后，通过配套的任务工单完成任务实施。

本书由北京交通运输职业学院杨绚（编写项目一任务二、项目四任务一、二及全书统稿）、南京铁道职业技术学院张菊（编写项目一任务一、项目四任务三、四）担任主编，北京交通运输职业学院李桃（编写项目二任务一、二）、李莉（编写项目三任务一、二）、张利彪（编写项目三任务三、四）担任副主编，参与编写的还有沈阳地铁集团有限公司董飞飞（编写项目五任务一），北京交通运输职业学院刘金梅（编写项目五任务二）、张荐（编写项目二任务三）。

本书在编写过程中，参考了大量著作与文献，得到了许多单位及同仁的大力支持和热情帮助，在此深表感谢。

由于编者水平有限，书中难免出现疏漏和不妥之处，敬请广大读者批评指正。

编　者

二维码清单

名称	图形	名称	图形
列控课程介绍		车站 ATS 工作服务器故障的诊断检修	
列控发展史		ZC 移动授权的生成	
CBTC 系统的组成及工作原理		ZC 硬件设备认知	
ATS 软件界面识读		ZC 主板拆装标准作业	
列车运行图的认识		区域列车运行降级故障的诊断检修	
ATS 软件系统操作		认识信号电源	
ATS 软件站场操作		超速防护功能认知	

（续）

名称	图形	名称	图形
列车自动防护原理		车载 ATO 门控功能故障诊断检修	
单列车紧急制动故障诊断检修			

目　录

前言

二维码清单

项目一　城市轨道交通列车自动控制系统认知 1
 任务一　城市轨道交通列车自动控制系统基本认知 2
 任务二　城市轨道交通列车自动控制关键技术认知 8

项目二　中心列车自动控制系统认知与维护 16
 任务一　中心 ATS 系统认知 17
 任务二　中心 ATS 设备维护 25
 任务三　中心 ATS 工作站操作 35

项目三　车站列车自动控制系统维护与检修 52
 任务一　车站 ATS 系统维护 53
 任务二　DCS 设备维护与检修 64
 任务三　ZC 设备维护 73
 任务四　电源设备维护 80

项目四　车载列车自动控制系统维护与检修 89
 任务一　车载 ATP 设备维护与检修 90
 任务二　车载 ATO 设备维护与检修 100
 任务三　车载人机设备操作 109
 任务四　车载外围设备维护与检修 117

项目五　全自动列车运行控制系统认知 124
 任务一　FAO 系统认知 125
 任务二　FAO 系统关键技术认知 132

参考文献 142

城市轨道交通列车自动控制系统维护任务工单

项目一

城市轨道交通列车自动控制系统认知

【情境导入】

截至 2022 年 6 月,中国内地累计 50 多个城市投运城轨交通线路 9 千多千米,预计 2023 年全国城市轨道交通线路里程将突破 1 万 km。虽说我国的第一条城市轨道交通系统与世界上最早的城市轨道交通系统相比晚了 1 百多年,但我们在努力地追赶。现如今,我国地铁的质量得到了全世界认可,我国城市轨道交通运营总里程也稳居世界第一,我们为之自豪!

配套微课:
列控课程介绍

任务一 城市轨道交通列车自动控制系统基本认知

【任务描述】

列车自动控制系统是城市轨道交通列车的重要技术装备,在列车运行中可以提高运行效率,更能保证人员财产安全。列车自动控制系统是如何创立及发展的?为何能够提高列车的运行效率和运行安全?

【学习目标】

知识目标	技能目标	素养目标
1. 能够正确认知我国城市轨道交通列车运行控制技术的发展 2. 掌握不同类型城轨列车自动控制系统的特点	1. 能够说出自主化列车控制系统发展的必要性 2. 能够绘制 CBTC 系统典型结构图 3. 能够识别不同传输方式 CBTC 系统的优缺点	1. 培养学生具有高度的专业认同感和社会责任感 2. 通过严格的规章约束,树立学生的风险控制意识、责任意识和心理耐压能力

【知识准备】

一、我国城市轨道交通列车运行控制技术的发展

城市轨道交通信号设备是城市轨道交通的主要技术装备,担负着指挥列车安全运行、提高运输效率的重要任务。随着列车速度的提升,需要装备列车自动控制系统,以实现对列车间隔和速度的自动控制与安全防护。

我国城市轨道交通自动控制系统的发展大致经历了 3 个阶段,即初创阶段、过渡阶段和发展阶段。

1. 初创阶段

我国城市轨道交通列车自动控制系统的创建是随北京地铁的兴建而起步的。我国从

1959年开始安装机车信号和列车自动停车装置。1965年7月1日,我国第一条地下铁道"北京地铁一期"动工兴建,并于1971年通车。在1974年,"行车指挥与列车运行自动化系统"通过一个总机三个分机的功能样机试验,该系统于1984年9月开通使用,直至1990年进行技术改造。

2. 过渡阶段

在初创阶段自主研发的"行车指挥与列车运行自动化系统"的基础上,该阶段研制了新型ATP车载子系统,极大提高了车载设备的可靠性。1990年,对北京地铁二期工程调度集中进行了技术改造,研制出"微机调度集中系统",距现在普遍采用的ATS性能仅一步之差。该阶段信号系统前后经历了无绝缘轨道电路、微机联锁、列车超速防护、列车自动监控等发展阶段。

3. 发展阶段

随着我国城市人口迅速扩张,城市轨道交通越来越难以满足市民的出行要求,导致地铁列车拥挤不堪,伴之而来的是信号设备的大规模引进。但是,大规模从外国引进信号设备,也造成了诸多弊端:

1)兼容性差。由于国内制式与国外制式不一致以及国外各厂家制式也各不相同,造成路网难以扩展,给互联互通的发展带来了阻碍。

2)设备维修困难。备件更换得不到保障,导致维护维修不及时。

3)造价昂贵。大量引进信号设备,造价高、维修成本高,经济效益差。

4)阻碍自主化生产。大规模引进导致对国外产品产生依赖,使我国自身的发展受到抑制。

地铁设备国产化是我国发展城市轨道交通的重要任务,自1999年初开始,我国大力推行城市轨道交通设备国产化。在引进外国先进技术的同时,我国也在积极研制具有自主知识产权的城市轨道交通自动控制系统。

我国第一条全自主化基于通信的列车自动控制系统(CBTC,Communications Based Train Control)线路——北京地铁亦庄线于2010年12月30日顺利开通,标志着具有完全自主知识产权的"基于通信的列车运行控制系统"示范工程取得成功,使我国成为继德国(西门子公司)、法国(阿尔斯通公司)、加拿大(阿尔卡特公司)后第四个成功掌握该项核心技术并成功应用于实际运营线路的国家。

二、列车自动控制系统的类型

列车自动控制(Automatic Train Control,ATC)系统随着运行控制技术的发展,按照车-地通信的方式不同,主要分为基于轨道电路的列车自动控制系统与基于通信的列车自动控制系统。

配套微课:
列控发展史

1. 基于轨道电路的列车自动控制系统

基于轨道电路的列车自动控制系统采用轨道电路向车载设备传送信息,运行中的列车根据轨道电路采集到的信息,通过车载设备实时计算列车运行安全速度。

基于轨道电路的列车自动控制系统主要分为基于模拟轨道电路和数字编码轨道电路的列车自动控制系统。基于模拟轨道电路的固定闭塞系统不具备车-地信息传输功能,司机通过地面信号机的显示控制列车运行,追踪间隔在3min以上且不易于系统扩展与升级。基于数字编码轨道电路的列车自动控制系统具备车-地信息的传输功能，司机根据车载信号显示控制列车运行，列车追踪间隔在 2min 以上，曾使用于广州 M1、M2 和北京 M5 等线路。

基于轨道电路的列车自动控制系统如图 1-1 所示。车载设备接收来自地面联锁以及轨道电路传送的信息，包括目标距离以及最大安全速度。

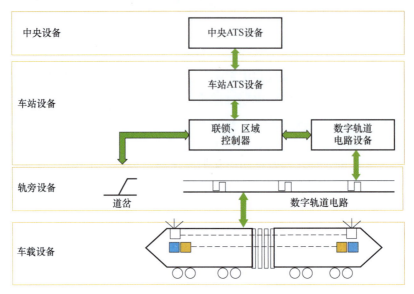

图 1-1　基于轨道电路的列车自动控制系统

基于轨道电路的列车自动控制系统有如下弊端：
1）轨道电路限制了列车位置检测的精度。
2）传输信息量有限。
3）轨道电路易受到天气、地理环境及电磁环境的影响。

2. 基于通信的列车自动控制系统

随着无线电技术的飞速发展，以通信技术为基础的列车自动控制系统成为主流，即基于通信的列车自动控制（CBTC）系统。CBTC 系统通过高精度的列车定位和连续、高速、双向的数据通信，建立车载和地面安全设备的实时通信。CBTC 系统的出现成功解决了基于轨道电路列车自动控制系统的弊端。

❖ **想一想**：轨道电路检测位置与 CBTC 定位方法相比较，分别有何特点？

按照车-地传输信息实现方法来划分，CBTC 系统可以分为基于感应环线、无线自由波天线、裂缝波导管及泄漏同轴电缆传输的方式。

（1）基于感应环线的 CBTC 系统　感应环线系统是列车自动控制系统的中枢，通过感应环线向地面和车载控制系统提供连续双向的通信通道。以敷设在钢轨间的感应环线作为传输媒介的 CBTC 系统，在城市轨道交通中已经应用了较长时间。感应环线具有技术成熟、使用寿命长以及投资少等优点。感应环线的缺点是，因安装在钢轨中间，造成安装困难且日常维修不方便、车-地通信的速率低。

感应环线的列车自动控制系统整体结构与轨道电路类似，是实现感应环线通信系统的关键装备，如图 1-2 所示。

项目一　城市轨道交通列车自动控制系统认知

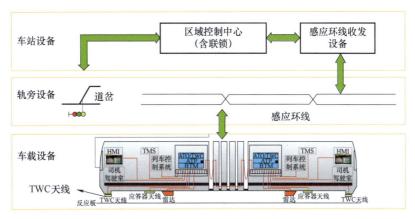

图 1-2　基于感应环线的列车自动控制系统特点示意图

感应环线设置如图 1-3 所示，感应环线每 25~100m 交叉一次，车载 VOBC 在经过每个交叉点时检测到信号相位的变化，以此来进行定位矫正。

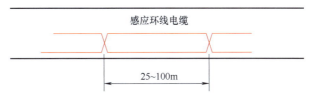

图 1-3　感应环线设置图示

（2）基于无线自由波天线的 CBTC 系统　基于无线自由波天线的 CBTC 系统较基于感应环线的 CBTC 系统使用更为广泛，基于无线自由波天线的 CBTC 系统的整体结构如图 1-4 所示。

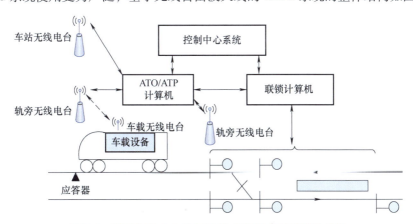

图 1-4　基于无线自由波天线的 CBTC 系统的整体结构

除了采用自由波天线，还有采用裂缝波导管和泄漏同轴电缆的 CBTC 系统。

裂缝波导管是一种空心且内壁光洁的导管，如图 1-5 所示，主要用于对超高频电磁波进行传输。波导系统具有通信容量大、可在隧道及弯曲通道中传输、干扰及衰耗小、无其他车辆引起的传输反射、可在密集城区传输的优点；缺点是安装困难，需全线沿线路安装波导管，安装维护复杂，并且造价高。

基于漏泄同轴电缆的 CBTC 系统的结构及漏泄同轴电缆的结构，如图 1-6 所示。漏泄同轴电缆传输方式的优点是场强覆盖较好、可控、抗干扰能力强；缺点是漏泄同轴电缆价格较高，通常安装在距离隧道壁 10cm 以上的位置，以消除对耦合损耗的影响。

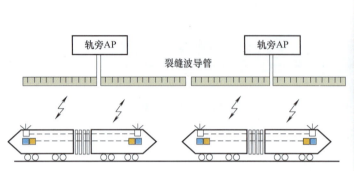

图 1-5　基于裂缝波导管的传输方式与波导管安装图

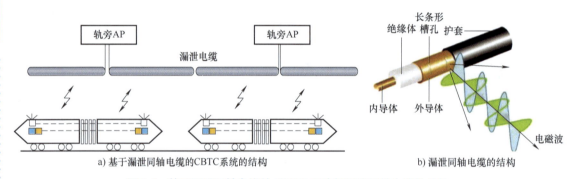

a) 基于漏泄同轴电缆的CBTC系统的结构　　　　b) 漏泄同轴电缆的结构

图 1-6　基于漏泄同轴电缆的 CBTC 系统与漏泄同轴电缆的结构

三、典型列车自动控制系统的结构

以基于无线自由波天线的 CBTC 系统为例，CBTC 系统根据功能可划分为列车自动防护（Automatic Train Protection，ATP）子系统、列车自动运行（Automatic Train Operation，ATO）子系统、列车自动监控（Automatic Train Supervision，ATS）子系统、计算机联锁（Computer Interlocking，CI）子系统以及数据通信子系统（Data Communication System，DCS）。

典型 CBTC 系统设备按照地域划分，包括中心设备、车站设备、轨旁设备和车载设备，如图 1-7 所示。中心 ATS 属于中心设备，通过专用有线网络直接连接车站设备，车站设备通过专用无线数据通信网络与车载设备信息交互，轨旁设备通过有线或无线方式，与车载设备和车站设备进行信息交互，车载设备通过有线线缆与车辆接口。各设备之间安全地进行信息交互，各司其能共同保证列车安全、提高运输能力。

配套微课：CBTC 系统的组成及工作原理

项目一 城市轨道交通列车自动控制系统认知

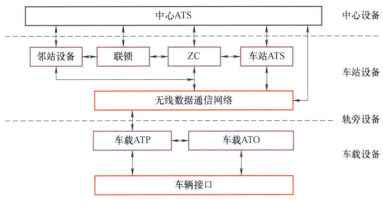

图 1-7 典型 CBTC 系统设备地域分布图

 知识拓展

翩翩磁浮凤凰飞——凤凰磁浮观光快线试运行

凤凰磁浮观光快线无缝衔接张吉怀高铁，全长 9.121km，始于张吉怀高铁凤凰古城站，途经城北游客服务中心，终至民俗园隧道口，现阶段设置凤凰古城、凤凰迎宾、凤凰揽胜、凤凰等待共 4 个车站。

凤凰磁浮文化旅游观光线是全国首条"磁浮+文化+旅游"线路，采用了中国通号研究设计院集团磁浮交通产业成果：机电一体化系统、综合自动化系统、智能综合运维系统、云平台系统、云视频平台、智能出行无感乘车，也是中国通号匠心打造的国内首个 GOA 三级无人驾驶磁浮项目。全自动智能运行控制系统可实现无人驾驶自动控制、自动运行、自动对位停车调整、自动折返等功能，有效解决车-地传输不稳定、自动精确停车困难等一系列行业难题。

凤凰磁浮构造了轨道交通研发制造新平台，为中低速磁浮交通产业化和装备国产化奠定了坚实基础，恰如其分地将现代高科技出行方式融入承载着历史的人文环境和秀美独特的自然环境之中。中国通号始终秉承创新驱动、自立自强的发展精神，发展国家列控技术民族产业，引领全球轨道交通技术进步，以实际行动守护人们美好出行。

资料来源：中国通号，2021 年 12 月 25 日

【学习小结】

1. 我国城市轨道交通自动控制系统大致经历了 3 个阶段：初创阶段、过渡阶段和发展阶段。

2. 初创阶段开始安装机车信号和列车自动停车装置，在该阶段我国起步研制调度集中、ATP、ATO 等设备。

3. 过渡阶段引进了国际先进的信号装备，该阶段信号系统主要经历了无绝缘轨道电路、微机联锁、列车超速防护、列车自动监控等发展阶段。

4. 研制具有自主知识产权的城市轨道交通运行与控制系统，提高我国轨道交通装备制造

业的整体技术水平，带动产业的整体发展是我国城市轨道交通领域的重要任务。

5. ATC 系统随着运行控制技术的发展，按照车-地通信的方式不同，主要分为两大类：基于轨道电路的列车自动控制系统与基于通信的列车自动控制系统。

【知识巩固】

一、填空题

1. ATC 是确保列车_____、提高_____的系统，实现对列车的间隔防护、速度监督以及运行调整。
2. CBTC 系统采用独立于轨道电路的列车控制方法，通过高精度的_____和连续、高速、双向的_____，实现对列车的控制。
3. 感应环线具有_____、_____以及_____等优点；感应环线的缺点是安装在_____，安装困难且不方便日常维修。

二、简答题

1. 随着城市轨道交通越来越难以满足市民出行要求，伴之而来的是信号设备的大规模引进，这造成了哪些弊端？
2. 简述 CBTC 系统相比基于轨道电路的列车自动控制系统的优点。

任务二　城市轨道交通列车自动控制关键技术认知

【任务描述】

列车自动控制系统发展至今能够如此智能化，主要依靠哪些关键技术？不同的线路使用不同的测速定位方法，分别有何优缺点？列车间隔防护技术决定列车运行效率，列车间隔防护又是如何实现的呢？

【学习目标】

知识目标	技能目标	素养目标
1. 了解城市轨道交通列车不同测速方法的特点 2. 知晓城市轨道交通列车不同定位方法的特点 3. 知道不同列车间隔防护技术的特点	1. 能够掌握城市轨道交通列车测速方法的使用 2. 能够掌握城市轨道交通列车定位方法的使用 3. 能够掌握城市轨道交通列车间隔防护技术的使用	1. 培养学生实际动手能力和分析问题、处理问题的能力 2. 引导学生树立安全、准确、高效、服务当先的奉献意识和公益使命感

【知识准备】

一、城市轨道交通列车测速方法

城市轨道交通中的列车速度信息在 ATC 系统中具有重要的地位。对列车的控制需要检测列车的速度，并由即时速度测算出列车位置，将这些信息汇集到控制中心。控制中心根据线路上的列车流量的情况，生成对车流中各列车和地面设备的控制命令，地面设备接收到控制命令后完成相应操作。列车根据控制命令，结合列车的速度信息、位置信息、线路地理及列车状况等信息，对列车上的各种设备进行具体的控制。几乎所有 ATC 功能的实现都需要列车速度信息的支撑。常用的测速方法包括轮轴脉冲传感器测速、多普勒雷达测速以及计数轨枕测速等。

1. 轮轴脉冲传感器测速

测速电机是轮轴脉冲传感器的代表，其工作原理实质上是一种将转速变换为电信号的机电磁元件，其输出电压与转速成正比。测速电机给 ATP 功能提供输入信息，该信息对于计算列车的速度、距离、方向信息和保证列车安全都是必需的。每个驾驶室/车载计算机单元配置一套测速电机，每列车需装备两个测速电机。

在频率变换电路中使机车速度为零时也产生一定的频率，这样就可以区分机车速度为零还是设备故障。当频率为零时（或某频率以下），设备就可以报警或自动停车。

轮轴脉冲转速传感器安装在轮轴上，轮轴每转动一周，传感器输出一定数量脉冲，使脉冲频率与轮轴转速成正比。测速发电机测量列车速度通过检测列车车轮转速和列车轮径。利用车轮的周长作为"尺子"测量列车走行距离，单位时间所走距离即为列车运行速度，其基本公式为

$$v = \pi D n / 3.6$$

式中，v 为列车运行速度（km/h），D 为车轮直径（m），n 为车轮转速（r/s）。

2. 多普勒雷达测速

多普勒雷达（图 1-8）是利用多普勒效应进行定位的。多普勒效应就是当声音、光和无线电波等振动源与观测者以相对速度 v 相对运动时，观测者所收到的振动频率与振动源所发出的频率有所不同。在列车头位置安装多普勒雷达，雷达向地面发送一定频率的信号，并检测反射回来的信号。由于列车的运动会产生多普勒效应，所以检测的信号频率与发射的信号频率是不完全相同的。如果列车在前进状态，反射的信号频率会高于发射信号频率；反之，则低于发射信号频率。通过测量两个信号之间的频率差就可获取列车的运行方向和即时运行速度。

3. 计数轨枕测速

轨道金属轨枕计数测速成功应用于北京 S1 线中低速磁浮的列车自动控制系统（MATC 列车自动控制系统）。考虑到磁浮列车运行时悬浮在轨道之上，列车与轨道间无接触，因此，可采用接近式传感器检测轨枕的方法进行测速定位。如图 1-9 所示，电磁接近式传感器接近金属体时产生脉冲信号，当运行列车的接近式传感器通过轨枕上方时，传感器输出一个脉冲信号，根据该信号判断有无轨枕。采集列车单位时间内通过轨枕数目 n，再结合每两根轨枕间距 L，可计算出列车经过的位移（$s=nL$）和列车的运行速度（$v=s/t$）。

图 1-8 多普勒雷达

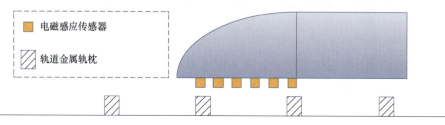

图 1-9 计数轨枕测速示意图

❖ **想一想**：通过调研，说出不同城市轨道交通列车测速方法在实际线路中的应用。

二、城市轨道交通列车定位方法

列车定位是列车控制系统的重要组成部分，是列车安全运行的重要参数。在 CBTC 系统中，通过精确的列车自主定位，列车的车载设备通过无线通信将列车的实时位置报告给区域控制器，区域控制器获取列车位置来计算列车安全间隔，为列车自动防护（ATP）子系统计算速度曲线、作为车站停车后打开车门以及站内站台门的依据。能否及时准确地获取列车的位置信息，是列车实现安全高效运行的重要保障。

目前，在工程中常用的列车定位方法有：基于轨旁设备的定位、测速定位和 GPS 列车定位等。

1. 基于轨旁设备的定位

（1）**基于轨道电路的列车定位** 轨道电路是最简单的列车定位设备，其优点是无须对当前设备做大的改动即可实现列车定位。它的定位精度取决于轨道电路的长度。轨道电路分为机械绝缘和电气绝缘两种类型。通过绝缘对轨道电路划分，数字化描述后形成线路地图，储存在轨旁和/或车载计算机中。列车运行时通过对轨道电路占用状态的连续跟踪，就可实现对列车在线路中所处位置的连续跟踪。

轨道电路定位法在使用过程存在以下缺点：

1）不能实现精确定位。以轨道电路长度作为最小定位单元，车在区段的始端还是终端是无法判断的。在需要对列车实施精确控制的场合，必须辅之以其他的列车定位方式，如测速定位、设置信标等。

2）传输距离有限。轨道电路的电气特性是与传输的信息频率相关的，频率越高、传输衰耗越大、信息传输距离越短。

3）设备维护量大。继电器使用寿命有限（平均为 1 万次左右），因此维护费用较大。

为了保证轨道电路的良好电气特性，需要经常进行测试与调整。

（2）基于计轴的列车定位　计轴技术是以计算机为核心，辅以外部设备，利用统计车辆轴数来检测相应轨道区段占用或空闲状态的技术。装在区段两端位置上的传感元件、轨旁设备、电缆接线盒组成一个功能单元，称为计数点。因车轮作用而在计数点中形成的脉冲或信号经由区间电缆传送至计数单元。通过对区段两端传感器计数值的比较就可以得到占用情况并判断出列车的位置。

（3）基于应答器的列车定位　基于应答器的定位方法也是广泛采用的列车定位矫正方式，它可以点式地给出列车的精确定位信息。在地面应答器内存储地理位置信息，机车上的查询器经过耦合以后，就可以得到列车的精确位置。通常又将应答器称为应答-查询器，其原理和实物如图 1-10 所示。

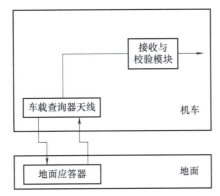

图 1-10　应答器的原理和实物图

应答器定位技术往往作为其他定位技术的补充手段，如与测速设备配合，用地面应答器来校准因测速设备产生的累积误差。基于应答器定位的特点包括：

1）可以提供准确的初始位置信息。

2）精度是可以调节的，根据不同的精度需要安装应答器，但是精度的提高是以牺牲成本为代价的。

3）维护量大，沿线分布大量的应答器，需要大量的人工，且不便于设备的维护和线路的养护。

4）查询应答器既可以实现列车定位，也可以作为点式信息传输的通道，提供车-地通信。

2. 测速定位

测速定位就是通过不断测量列车的即时运行速度，对列车的即时速度进行积分（或求和）的方法得到列车的运行距离。由于测速定位获取列车位置的方法是对列车运行速度进行积分或求和，故其误差是累积的。

利用该种定位方法的关键在于两点：速度测量的准确性和求位移算法的合理性。测速定位法总体来说属于相对定位，它无法获取列车的初始位置，要获得列车的绝对位置仅依靠这种方法几乎是不可能的。

3. GPS 列车定位

利用 GPS 实现列车定位已是一种比较成熟的技术，如图 1-11 所示。只要在列车两端安装

GPS 接收机和差分误差信息接收器，接收多颗导航定位卫星发送来的定位信息，就可以计算出自己确切的位置，从而通过导航卫星实现列车的精确定位。卫星发射出无线电信号，该信号包括载波信号、测距码。待定位的物体（如列车）上的接收器可以同时接收四颗以上卫星的信号，根据测定这些信号传播的单程时间延迟或相位延迟，进而确定从观测点至 GPS 卫星间的距离，就可计算出观测点位置。

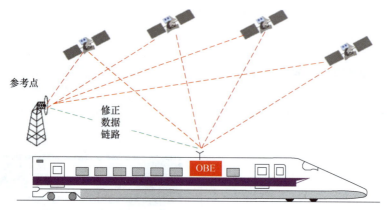

图 1-11　差分 GPS 列车定位原理图

❖ 想一想：不同的列车定位方法分别适用于什么城市轨道交通形式，并说明原因？

三、城市轨道交通列车间隔防护技术

1. 闭塞方法

列车间隔控制方法很大程度上决定列车运行的安全与运行效率，列车间隔控制又称为"闭塞"，如图 1-12 所示。在组织列车运行时，通过设备或人工方式控制，使连续发出的列车保持一定间隔安全行车的办法。

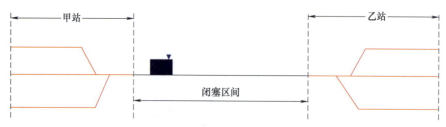

图 1-12　站间闭塞示意图

（1）**站间自动闭塞**　站间闭塞中的人工闭塞是通过人工检查区间状态和办理或交接占用区间凭证。典型的人工闭塞方式有电话闭塞。站间半自动闭塞是通过人工办理闭塞手续，列车凭信号显示发车，列车出站后，出站信号机自动关闭。站间自动闭塞是车站之间能自动向区间发车，不需要人工办理闭塞手续的闭塞方式，列车到达前方站后，后方站出站信号机可自动开放。

（2）**固定自动闭塞**　固定自动闭塞是将一个区间划分为若干个固定闭塞分区，根据列车运行和闭塞分区状态，自动变换通过信号机的显示，司机凭信号显示行车的闭塞方法如图 1-13 所

示，其特点是追踪目标点固定、制动点固定、空间间隔长度固定。基于轨道电路的列车控制（TBTC）系统是传统的固定闭塞系统。

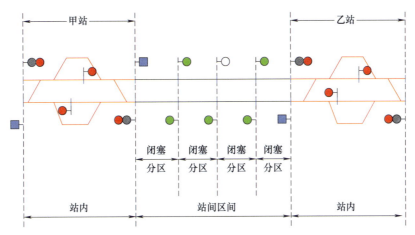

图 1-13　固定自动闭塞示意图

（3）准移动自动闭塞　准移动自动闭塞系统的设置同固定自动闭塞，将一个区间划分为若干个固定闭塞分区，准移动自动闭塞是基于数字型轨道电路、应答器和无线传输系统，准移动自动闭塞自身定位是实时更新，不依赖于固定闭塞分区，但列车前方目标点的安全距离为固定闭塞分区分界点，如图 1-14 所示。特点在于追踪目标点固定、制动点不固定、空间间隔长度不固定。

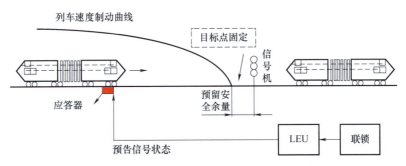

图 1-14　准移动自动闭塞的原理图

（4）移动闭塞　移动闭塞最显著的特点是取消了以通过信号机分隔的固定闭塞分区。列车间的最小运行间隔距离由列车在线路上的实际运行位置和运行状态确定，闭塞分区随着列车的行驶不断地向前移动和调整。在移动闭塞系统中，前行列车经车载设备将本车的实际位置、运行速度等信息通过通信系统传送给区域控制器，并将此信息处理生成后续列车的移动授权，后续列车的速度曲线随着目标点的移动而实时计算，如图 1-15 所示。其特点是追踪目标点不固定，制动点不固定，空间间隔长度不固定。

2. 移动授权

在原有的列车控制系统中，信号灯的信息是列车行驶权限的主要来源，司机通过信号灯得知列车的行驶权限。移动授权（MA）是移动闭塞能够实现的重要条件，是区间控制器（ZC）根据各列车的当前位置、行驶方向、计算机联锁信息以及其他设备的状态综合运算得出的列车行车许可。车载控制器通过接收到的移动授权信息来实现对列车的自动防护功能和自动驾驶功能。

移动授权终点通常设定为前方障碍物前的安全余量边界。障碍物是指轨道线路上会影响移动授权延伸的制约点。在 CBTC 系统中，列车移动授权终点包括前方列车末端、进路尽头、不受控道岔和信号灯等。

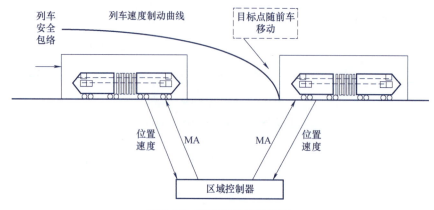

图 1-15　移动闭塞的原理图

知识拓展

基于北斗定位的移动闭塞智能列控系统取得阶段性试验成果

2021 年，由陕西铁路物流集团有限公司联合卡斯柯信号有限公司自主研发的基于北斗定位的移动闭塞智能列控系统取得阶段性试验成果，两辆列车成功实现同区间追踪运行。

相比于已有的列控系统，该系统将北斗卫星应用于列车自主定位，减少了对地面的轨道电路、应答器的依赖，简化了系统结构和设备组成，实现了列车自主控制；移动闭塞技术的应用，降低了列车间的运行间隔，可以实现区间多车追踪运行，提高了运输效率和能力。北斗卫星定位与移动闭塞技术的结合，实现了列控系统由地面控制为主向列车自主控制的跨越。

各级技术人员与卡斯柯公司通力合作，先后完成攻克基于北斗卫星的多源融合定位、移动闭塞、多模完整性检查、重载列车牵引控制模型等多项关键技术的现场验证，完成了 49 种运营场景、495 个应用实例的验证。该试验的成功，标志着基于第三代北斗卫星导航系统的列车自主定位移动闭塞智能列控系统在重载铁路应用取得重要突破，真正实现了北斗卫星定位、移动闭塞和重载铁路的深度融合，开启了北斗卫星导航系统在重载铁路应用的新篇章。

资料来源：陕西铁路物流集团有限公司，2021 年 11 月 15 日

【学习小结】

1. 常用的测速方法包括测速发电机、多普勒雷达以及计数轨枕测速等。
2. 轮轴脉冲转速传感器安装在轮轴上，轮轴每转动一周，传感器输出一定数量脉冲，使

脉冲频率与轮轴转速成正比。

3. 在列车头位置安装多普勒雷达，雷达向地面发送一定频率的信号，并检测反射回来的信号，通过测量两个信号之间的频率差就可以获取列车的运行方向和即时运行速度。

4. 轨道电路定位具有以下缺点：①不能实现精确定位；②传输距离有限；③设备维护量大。

5. 应答器定位技术往往作为其他定位技术的补充手段，如与测速设备配合，用地面应答器来校准因测速设备产生的累积误差。利用查询应答器定位可以提供准确的初始位置信息。

6. 列车间隔控制方法很大程度决定列车运行的安全与运行效率，列车间隔控制又称为"闭塞"。

【知识巩固】

一、填空题

1. 轮轴脉冲转速传感器安装在轮轴上，轮轴每转动一周，传感器输出一定数量脉冲，使_____与_____成正比。

2. 计数轨枕测速利用计算机来采集列车单位时间 t 内通过轨枕数目 n，再结合每两根轨枕间距 L，可计算出列车已经过的位移 $s=$_____，列车的运行速度 $v=$_____。

3. 在 CBTC 系统中，列车通过精确的列车自主定位，列车的车载设备通过_____通信方式将列车的_____报告给区域控制器，区域控制器通过获取到的列车位置计算列车_____。

4. 轨道电路是最简单的列车定位设备，其优点是无须对当前设备做大的改动即可实现列车定位，它的定位精度取决于轨道电路的_____。

5. 采用应答器定位和通信的缺点是：其定位和信息传递是_____的，即当列车从一个信息点获得地面信息后，要到下一个信息点才能更新信息。

6. 移动闭塞列车间的最小运行间隔距离由列车在线路上的_____和_____确定，闭塞分区随着列车的行驶不断地向前移动和调整。

二、简答题

1. 请简述脉冲转速传感器与测速发电机的测速特点。
2. 请说出不同的列车定位方法的特点以及其用于什么类型的线路。
3. 请简述移动闭塞实现的技术条件。

项目二

中心列车自动控制系统认知与维护

项目二　中心列车自动控制系统认知与维护

【情境导入】

ATS（列车自动监控系统）是 CBTC 系统的一个子系统，它是基于现代数据通信网络的分布式实时计算机控制系统，完成对高密度城市轨道交通运输信号系统的自动化管理和全自动行车调度指挥控制，包括中心 ATS 系统和车站 ATS 系统。

ATS 子系统能够对列车运营及轨旁设备的状态和信息进行监督和控制，调度员可以通过控制中心或车站的调度终端屏幕显示，实时了解和掌握列车的实际运行情况以及轨旁信号设备的显示情况并施加控制。若 ATS 子系统设备发生故障，可能导致调度室或联锁车站失去监控功能。因此，为了保证行车工作安全有序进行，行车调度岗位 24h 有人值守，行车调度员必须"眼观六路，耳听八方""运筹帷幄，争分夺秒"，高度集中统一指挥列车运行。

任务一　中心 ATS 系统认知

【任务描述】

中心 ATS 系统是列车自动控制系统的一个重要子系统，其主要功能是对车站和区间的信号设备状态和运行列车的情况进行监视和控制，那么 ATS 系统具体功能是如何实现的呢？

【学习目标】

知识目标	技能目标	素养目标
1. 掌握 ATS 系统的结构和控制级别 2. 能够判断和转换 ATS 系统的控制权限	1. 能够熟悉 ATS 系统的监督和控制功能 2. 能够正确认知 ATS 系统的内部接口和外部接口	1. 能够按照 5S 管理规范和检查标准维护实训环境 2. 能够通过标准化作业，养成严于律己的工作习惯

【知识准备】

一、ATS 系统概述

列车自动监控（Automatic Train Supervision，ATS）系统是 CBTC 系统的一个重要子系统，它是一套集现代化数据通信、计算机、网络和信号技术为一体的、分布式的实时监督与控制系统。

❖ **想一想**：ATS 子系统与信号系统以及外部系统如何配合实现调度决策。

1. ATS 子系统功能

ATS 子系统为非故障-安全系统，列车安全运行由 ATP 子系统来保证。ATS 子系统的功能主要包括监督和控制两部分。

（1）**监督功能** ATS 子系统将列车运营及轨旁设备的状态和信息，通过控制中心或车站的调度终端实时显示出来，调度员可以通过这些终端屏幕，实时了解和掌握列车的实际运行情况以及轨旁信号设备的显示情况，以便及时对行车作业进行分析和调整，保证全线运营安全高效有序进行。

（2）**控制功能** ATS 子系统向轨旁联锁系统发出指令办理进路，指挥列车按照列车运行图来运行。ATS 子系统可以绘制列车实迹运行图，并动态的对偏离运行图的列车进行调整。

2. ATS 子系统结构

ATS 子系统主要由中心 ATS 系统、车站 ATS 系统等组成。如图 2-1 所示，通过 DCS 子系统提供冗余以太网，ATS 子系统的每一台主机都连接到两个网络，可以互相访问其他所有主机的数据。

中心级作为整个 ATS 子系统的核心，分别由设备、电缆、计算机、计算机外设、网络和计算机软件等构成。中心级 ATS 设备主要运行控制应用软件、系统主数据库软件和通信应用软件，用以计算、存储所有系统外部的数据信息，为整个信号系统提供控制信息。中心级设备主要包括主机服务器、数据库服务器、通信服务器、接口服务器、网络设备、调度员工作站、培训服务器和培训工作站等。

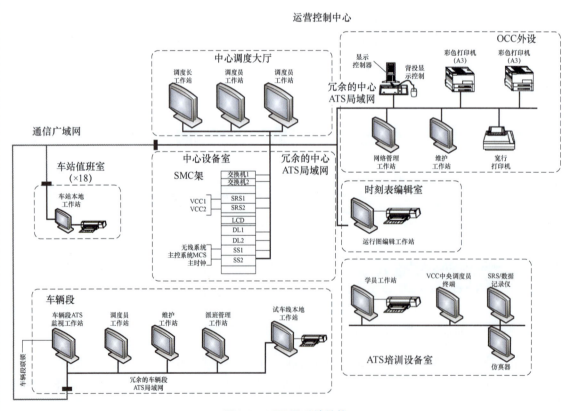

图 2-1　ATS 子系统结构

为了提高 ATS 子系统的可靠性，特设置一套远程 ATS 主服务器、通信服务器和接口服务器放置于设备集中车站的信号设备室。在中央 ATS 服务器不可用时，这些服务器为中央 ATS 服务器提供第三级备份服务。

❖ **想一想**：ATS 子系统通过什么方法维持其高可靠性？

3. ATS 子系统控制级别

（1）**中心控制**　正常运营时，ATS 子系统主要采用中心控制。在中心控制状态下，ATS 子系统根据列车运行时刻表对全线列车进行集中监控，中心调度员发布命令，对运营实施控制。此时，本地 ATS 处于备用状态，本地 ATS 系统接收来自联锁和 ATP 系统的表示信息，产生所有命令（比如列车进路命令），但是其输出是封锁的。现地控制工作站接收来自联锁和 ATP 系统的表示和指示信息，包括车站 ATS 系统运行的车次号以及正晚点信息。

（2）**车站控制**　如果中心 ATS 系统发生故障，本地 ATS 系统自动激活，即执行车站控制。本地 ATS 系统功能将确保可以像中心 ATS 系统一样地自动运行，在后备模式下协助调度员实现列车按计划运行。在车站控制状态下，车站操作员通过现地控制工作站人工设置控制命令，对运营实施控制。

（3）**控制级别的转换**　在设备集中站和 ATS 控制中心通信正常的情况下，车站操作员和中心调度员通过电话、无线等方式沟通协调后，由车站操作员在现地控制工作站上进行控制权限转换（转为中心控制或车站控制）。

在设备集中站和 ATS 控制中心通信断开的情况下，中心 ATS 系统对设备集中站管辖范围内的信号设备状态失去表示，同时产生报警信息，此时由中心调度员与车站操作员通过电话、无线等方式沟通协调后，由车站操作员在现地控制工作站上进行控制权限转换（转为车站控制）。

❖ **想一想**：正常情况下 ATS 子系统的控制权限在哪，什么时候需要进行控制级别转换？

二、ATS 系统功能

1. 列车进路控制功能

ATS 子系统对列车进路的控制方式包括自动控制及人工控制。正常情况下，系统根据联锁表、计划运行图及列车位置，自动生成、判断、输出进路控制命令，传送到联锁设备，设置列车进路，自动控制车站的进路排列，如图 2-2 所示。

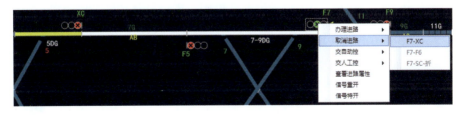

图 2-2　列车进路控制

进路排列平时由控制中心计算机控制，需要时可由中心授权后转为车站级控制；在紧急情况下（中心 ATS 设备故障、中心与车站的通道故障或其他状况），车站值班员可在车站现地控制工作站上强行取得控制权，控制该集中站管辖权的进路和信号，并可办理引导接车。车站值班员完成控制作业后，可通过电话等申请将控制权交给调度中心。

系统对列车进路控制权的优先级原则为本地控制优先于中心控制，人工控制优先于自动控制。

当控制中心 ATS（含通道）设备发生故障时，可由 ATS 车站设备根据车站时刻表及列车识别号自动地进行所管辖范围内列车进路的控制。

2. 行车信息显示功能

ATS 子系统通过一级设备集中站和车辆基地从联锁子系统、ATP/ATO 子系统及其他相关系统获取信息，进行行车信息显示，如图 2-3 所示。

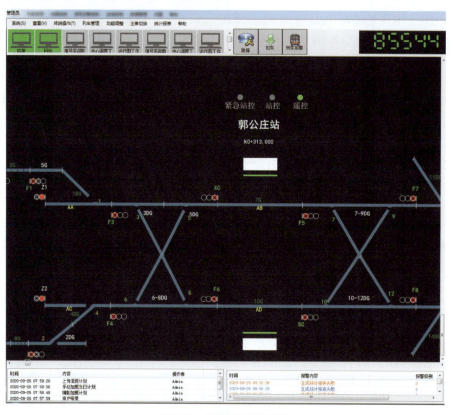

图 2-3　ATS 子系统界面

ATS 子系统建立了一套完整的逻辑分析处理机制，根据所有获取到的信息，对进路状态、列车位置、列车早晚点信息、列车识别号、运行调整模式、控制级别（中控和站控）和故障报警等信息，进行综合处理和判断，并显示到相应 ATS 工作站上。

在中心控制室的大屏幕上，显示全线的线路、车站、车辆基地布局的全景；在中心控制室的调度员工作站上，显示全线的车站、车辆基地的细景；在车辆基地 ATS 工作站上，显示车辆基地内的列车运行情况、出入段线上及与正线衔接车站的列车运行信息；在与转换轨相接的正线车站 ATS 工作站上，显示转换轨及转换轨上的列车运行信息。

3. 列车运行描述功能

ATS 子系统采用列车识别号、列车图标和位置信息的变化来自动显示正线列车的运行实迹，自动完成正线区段内列车识别号的跟踪，如图 2-4 所示。

配套微课：ATS 软件界面识读

列车自车辆基地出发进入"转换轨"时开始，至列车回到车辆基地后结束，并与车辆基地联锁系统共同实现列车在车辆基地内车组号的追踪。

列车识别号由车组号、服务号、序列号、乘务组号、目的地号、运行方向符及线路号等组成。列车序列号由列车运行图/时刻表直接产生并可通过车-地通信系统进行校核，且列车识别号随着列车的运行，实现自动跟踪。在列车识别号因故丢失的情况下，系统能够根据列车运行图、列车位置及时间自动推算并自动设置列车识别号，且能通过车-地双向通信进行校核。

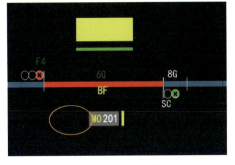

图 2-4 列车识别号的跟踪

4. 信息采集和获取

ATS 子系统从车站和车辆基地获取 ATP/ATO 子系统和联锁设备提供的列车运行状态信息、信号设备的状态信息和列车位置信息。

5. 列车运行图/时刻表管理

ATS 子系统中使用的运行图分为基本运行图时刻表、计划运行图时刻表和实际运行图时刻表，如图 2-5 所示。所有显示的运行图都能进行放大、缩小及平移等操作，以方便查看。

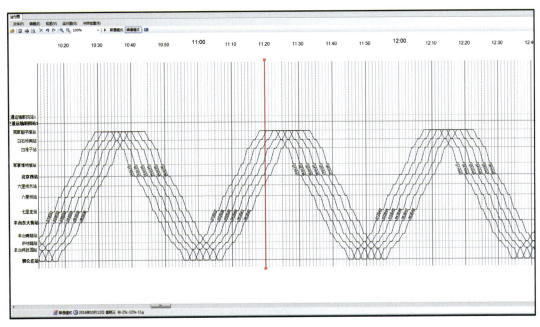

图 2-5 列车运行图

（1）**基本运行图/时刻表** 基本运行图/时刻表分为平日、节假日、不同季节、每天不同运营时段、临时事件等各种列车基本运行图时刻表；调度员输入基本运行图的基本数据，如各区间或各交路运行时间、车站停站时间、运行间隔、起始和终到站、时间段、可用列车数和列车折返要求等，系统能在计算机辅助下自动完成列车基本运行图/时刻表的编制。基本图在编制过程中可以随时修改参数，在编制完成后进行冲突检查，如果有冲突可以给出冲突提示。

（2）**计划运行图/时刻表** 调度日开始后，当日的计划运行图/时刻表可由系统根据预先设定的当日运行图自动选择。ATS 子系统据此图组织和实施当日的列车运行。列车上线运营前,当日的计划运行图/时刻表也可由调度员在运行图显示工作站上重新选择合适的基本运行图/时刻表,经修改和确认后生成。

（3）**实际运行图/时刻表**　实际运行图/时刻表是 ATS 子系统根据列车运行的实际情况自动生成的,并在各工作站上显示。列车运行过程中,运行图可以根据当前的时间自动调整显示,并且运行图中运行线显示的颜色、样式等可以配置。计划运行图和实际运行图采用不同的颜色和线条,同时显示在行调工作站显示器的同一画面上,以现时时刻为分界线,并随着时间进行推移。

（4）**列车运用计划及车辆管理**　中心 ATS 系统将当天的计划运行图/时刻表传至信号控制室和派班室工作站上,车辆调度、中心调度员根据计划运行图/时刻表组织当天的列车运行作业。车辆基地值班员根据当日车辆运用计划和计划运行图/时刻表组织车辆基地的列车运行作业,设置出入车辆基地的列车进路。

（5）**列车运行调整**　系统对列车运行的调整分为自动调整和人工调整。当列车的实际运行与计划运行图间发生较小偏差（偏差值由调度员设定）时,自动发出偏差报警,系统自动调整列车运行计划并控制列车运行至正点状态。列车运行自动调整的方法包括控制列车的区间运行等级、自动调整列车区间走行时分、自动调整停站时分,控制列车发出时刻、生成等间隔运行计划、线路平面交叉点的自动调整功能。调度员认为有必要对计划运行图时刻表进行修改时,可人工介入调整列车运行计划控制列车运行。

6. ATS 子系统其他功能

此外,ATS 子系统还具有临时限速管理、故障报表、系统维护、历史信息回放、运营记录与报表统计等功能。

配套微课：列车运行图的认识

❖**想一想**：ATS 子系统的哪些功能能够实现对列车的监控?

三、ATS 子系统接口

ATS 子系统接口分为内部接口和外部接口两大类,下面就该两类接口进行详细分析。

1. ATS 子系统内部接口

ATS 子系统内部接口主要包括与正线计算机联锁设备、车辆基地/停车场连锁设备、ATP/ATO 子系统、发车计时器的接口。

配套微课：ATS 软件系统操作

（1）**ATS 子系统与正线计算机联锁设备的接口**　ATS 车站分机在正线设备集中站通过 RS-422 与联锁系统进行连接,连接示意图如图 2-6 所示。联锁系统将正线的站场表示信息（包括区段表示、道岔表示、信号显示、进路表示、IBP 盘扣车等）和报警信息等传送给 ATS 子系统。ATS 子系统将信号设备的控制命令传送给联锁子系统。

（2）**ATS 子系统与车辆基地/停车场联锁设备的接口**　ATS 车站分机在车辆基地/停车场通过 RS-422 与联锁系统进行连接,与正线的连接方式一致。联锁系统将车辆基地/停车场的站场表示信息（包括区段表示、道岔表示、信号显示、进路表示等）和报警信息传送至 ATS 子系统。

（3）**ATS 子系统与 ATP/ATO 子系统的接口**　ATS 子系统在正线设备集中站通过网关计算机与 ATP/ATO 子系统进行接口,连接示意图如图 2-7 所示。ATP/ATO 子系统将正线的临时限速表示、临时限速命令和列车调整信息等传送到 ATP/ATO 子系统执行。

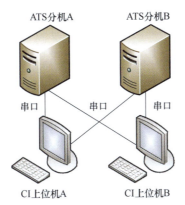

图 2-6　ATS 子系统与正线联锁系统连接示意图

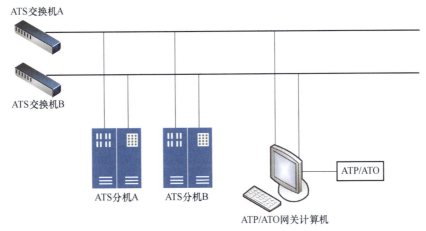

图 2-7　ATS 子系统与 ATP/ATO 子系统连接示意图

（4）ATS 子系统与发车计时器的接口　ATS 车站接口单元通过以太网与发车计时器连接。一级设备集中站、二级设备集中站、非设备集中站的发车计时器，通过发车计时器网络在一级设备集中站与 ATS 车站接口单元进行连接，连接示意图如图 2-8 所示。ATS 子系统将列车停站信息（包括发车时机、早晚点提示、跳停、扣车等）传送给发车计时器系统。

2. ATS 子系统外部接口

ATS 子系统与大屏系统、时钟系统、广播系统、无线通信系统和综合监控系统等进行接口，并预留与 TCC 系统的接口，具体接口方式在设计联络中确定，如图 2-9 所示。ATS 子系统提供与旅客乘车有关的信息，如列车到达本站时间、终到站、列车通过预告等。具体技

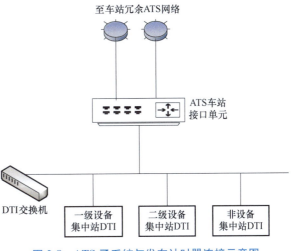

图 2-8　ATS 子系统与发车计时器连接示意图

术要求将在设计联络中确定。

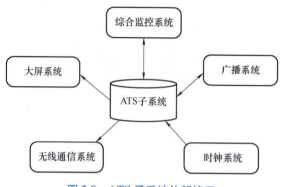

图 2-9　ATS 子系统外部接口

❖ **想一想**：ATS 子系统外部接口分别负责执行什么功能的信息交互？

 知识拓展

行车调度员——地铁"最强大脑"

行车调度员每天的工作场所被称为控制中心（OCC）。在这里，可以看到地铁线路的所有情况，包括车站客流情况、列车的到发情况、站台门的实时状态以及其他各类设备的报警信息。

在正常情况下，列车由信号系统自动控制，行车调度员会通过控制中心中央显示屏监督、盯控列车运行情况和各类设备的运行情况，保证每一辆车正点到达。

一旦发生紧急情况，车站或司机会立刻报告行车调度员，行车调度员须根据现场实际情况，在保证安全的前提下及时采取行之有效的措施，处理突发事件，降低对运营的影响，保证服务质量。

所以，行车调度员必须对所有相关专业的知识都了如指掌，包括车辆、车站、线路等。作为行车指挥工作的"大脑"，要统筹全局、思路清晰，给各专业人员下达正确的指令。

资料来源：搜狐网，2021 年 05 月 25 日

【学习小结】

1. ATS 子系统结构：ATS 子系统主要由中心 ATS 系统、车站 ATS 系统和车辆段 ATS 系统组成。DCS 子系统提供冗余以太网，ATS 子系统的每一台主机都连接到两个网络，可以互相访问其他所有主机的数据。

2. ATS 子系统控制级别：中心控制与车站控制。在设备集中站和 ATS 控制中心通信正常的情况下，车站操作员和中心调度员通过电话、无线等方式沟通协调后，由车站操作员在现地控制工作站上进行控制权限转换（转为中心控制或车站控制）。

3. ATS 子系统功能：列车进路控制功能、行车信息显示功能、列车运行描述功能、信息

采集和获取、列车运行图/时刻表管理，还具有临时限速管理、故障报表、系统维护、历史信息回放、运营记录与报表统计等功能。

4. ATS子系统接口：ATS子系统接口分为内部接口和外部接口两大类。

【知识巩固】

一、填空题

1. 中心级作为整个ATS子系统的核心，分别由设备、_____、计算机、_____、网络、_____等构成。
2. 正常运营时，ATS子系统主要采用_____。如果中心ATS系统发生故障，_____自动激活，即执行_____。
3. ATS子系统对列车进路的控制方式包括_____及_____。
4. ATS子系统采用_____、_____和_____来自动显示正线列车的实际运行轨迹，自动完成正线区段内列车识别号的跟踪。

二、简答题

1. 请简述ATS子系统控制级别转换操作程序。
2. 请简述ATS子系统中使用的运行图类型及区别。
3. 请简述ATS子系统内部接口和外部接口分别有哪些。

任务二 中心ATS设备维护

【任务描述】

中心ATS子系统的主要架构包括工作站、服务器和网络设备，所有的功能都是通过计算机软件来实现的，那么中心ATS子系统的相关设备功能有哪些呢？设备的日常养护维修和故障处理又是怎样的呢？

【学习目标】

知识目标	技能目标	素养目标
1. 能够正确认知ATS中心服务器、工作站、综合显示屏等设备 2. 能够熟悉认知中心ATS设备的外观显示和主要功能	1. 掌握ATS中心设备操作和日常维护管理 2. 掌握ATS中心设备故障诊断和检修方法	1. 能够按照5S管理规范和检查标准维护实训环境 2. 能够通过标准化作业，养成严于律己的工作习惯

【知识准备】

ATS 子系统的配置为多层体系结构，控制中心（OCC）的 ATS 系统处于结构的最高层，而车站的本地 ATS 子系统则处于结构的低层，与处于本地的前置机、联锁机及 ATP/ATO 地面设备进行通信，如图 2-10 所示。ATS 子系统在控制中心的设备，主要有网络设备、服务器、存储设备、显示设备和打印设备等。其中，综合显示屏、调度员工作站及调度长工作站设于主控制室，控制主机、通信处理器、数据库服务器和维修工作站设于设备室，运行图工作站设于运行图室，绘图仪和打印机设于打印室，培训/模拟工作站设于培训室，UPS 设于电源室，蓄电池设于蓄电池室。

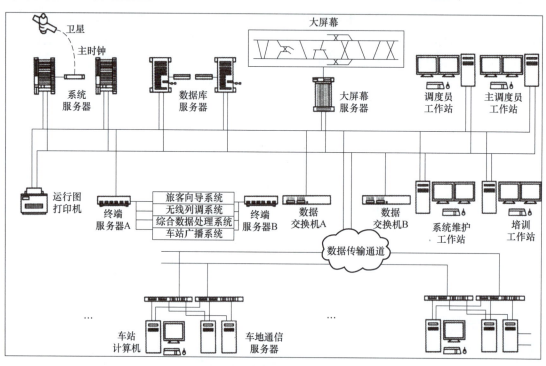

图 2-10　ATS 子系统设备组成

一、中心服务器

ATS 子系统服务器主要包括主机服务器、通信服务器、数据库服务器和接口服务器。

1. 主机服务器

主机服务器是 ATS 子系统的数据处理中枢，如图 2-11 和图 2-12 所示，它负责全线的 ATS 子系统功能，主要完成列车追踪、自动进路、自动列车调整和控制请求确认等。ATS 子系统的主机服务器为双机热备设计，备机实时从主机获得同步的各种数据。

2. 通信服务器

通信服务器是三台同样的服务器，一台备用在车站，两台在 OCC 信号机房，一主一备，相互热备。通信服务器处理所有从外部系统接收的数据（通过接口服务器），并向外部系统发送其所需数据。

项目二　中心列车自动控制系统认知与维护

图 2-11　服务器机柜

图 2-12　机架显示器

3. 数据库服务器

控制中心的两台数据库服务器（图 2-13）是双机并行的。在数据库服务器上运行并行数据库例程，数据库例程接受数据库访问。数据库服务器持续存储接收到的事件、ATS 用户控制请求，ATS 自动控制请求、报警，并为用户生成包含所有这些数据的报告。数据库中的数据如计划数据、列车运行数据等存放在磁盘阵列（图 2-14）上，以便系统调用和查看。

图 2-13　数据库服务器

图 2-14　磁盘阵列

4. 接口服务器

接口服务器作为控制中心 ATS 子系统与外部系统的通信枢纽，负责为控制中心的外部系统（如时钟、无线、PIS、综合监控等）提供接入 ATS 子系统的串行接口或以太网接口，交换相应信息。

接口服务器应用软件处理 ATS 子系统和外部接口之间的协议。对于 ATS 子系统和外部系统间的串行连接，通过终端服务器提供网络连接，并在 ATS 子系统和外部系统之间传送数据包。

接口服务器一台放置于控制中心，一台放置于车站，两台接口服务器互为备用。两台接口服务器均通过 DCS 网络与 ATS 子系统相连。接口服务器从 ATS 子系统中获取外部接口所需的信息，经过协议转换处理分别发送给各个外部系统。

❖ **想一想**：ATS 子系统的中心服务器都有哪些，它们的作用是什么？

27

二、ATS 工作站

调度工作站用于调度员完成调度和运营作业，是控制中心的重要设备。调度员通过调度终端屏幕，实时了解和掌握列车的实际运行情况，可以在调度工作站上发出指令，用于直接指挥列车运行。

❖ **想一想**：控制中心行车调度员是怎样进行列车运行调度的？

三、综合显示屏

综合显示屏设置于控制中心，行车调度员正面，显示全线的线路及车站布置，它可以监视全线控制区域的列车运行轨迹，显示道岔、信号机和轨道电路等信号设备的状态，站控与遥控状态，折返站的折返模式等，如图 2-15 所示。

配套微课：ATS 软件站场操作

图 2-15 综合显示屏

四、辅助设备

1. 打印设备

打印机通过 TCP/IP 以太网连接到 ATS 服务器，通常采用以下类型的打印机：

1）两台 A4 网络黑白打印机——黑白激光打印机，用于打印故障报表（如报警列表）。

2）一台 A3 网络彩色打印机——彩色激光打印机，用于打印报告和列车运行图。

2. 网络设备

网络设备是指数据传输系统的数据传输和交换设备，如通道、网关等，用以保证数据在不同的设备间可靠传递。网络一般为冗余的双网结构，提高系统的可靠性和可用性。

3. 电源设备

控制中心的电源设备为工作站、服务器等设备提供可靠的不间断电源，保证控制中心列车自动监控系统可靠运行,不丢失数据。

【实践技能】

一、中心 ATS 设备日常巡视维护

1. 控制中心系统设备维修通用技术规范

1)中央 ATS 子系统设备应保证行车调度员能随时监督、控制全线车站的接、发车进路,并可根据需要,局部或全部下放或收回对车站的控制权。

2)ATS 子系统设备应能实时地向行车调度员和其他有关人员提供全线车站、道岔、信号机、UPS 电源设备、ATP 轨旁设备等信号系统的设备状态、列车运行情况的表示信息。

3)大屏所显示的图形符号应与车站联锁设备所表示的含义相符。

4)ATS 子系统中心设备发生故障导致与车站连接中断时,系统应自动激活 ATS 次一级降级模式(如 RTU 降级模式、VCC 降级模式或点式运行等)。

5)ATS 子系统发生故障时,不导致车站联锁设备错误动作;当联锁站/设备站 ATS 子系统设备工作或发生故障时,不得影响其他子系统的工作的可靠性。

6)ATS 关键设备(主机服务器、通信服务器、接口服务器)需主备机热备,主机发生故障时,应实现无干扰自动切换。

2. 控制中心系统设备维修通用操作规程

1)当要对带电压的仪器进行测量和测试工作时,必须遵守现行事故防止措施中的有关行为规定,必须使用合适的电子工具。

2)由于不同设备的重要性不一样,对不同设备的故障处理的原则不一样。对行车重要的设备一有故障就要尽快处理,尽快恢复运营,对行车不太重要的设备可以在晚上收车后进行处理或在不影响行车的情况下也可马上处理。

3)几乎所有的设备组件和所有的工作站组件都是以 MOS 技术用高度融合的组件接插而成。这些电子组件对过电压及静电非常敏感,原则上不要去触摸电子组件。组件板上的组件针或连线绝对不能触摸,在与有危险的组件接触时,应注意人、工作位置和包装的接地。

4)在接触组件时,接触人员的手臂上应一直带着放静电的臂带以达到接地的目的。

3. 日常巡视维护

(1)OCC 机房 ATS 设备日常巡视维护 中心机房 ATS 设备日常巡视维护,详见表 2-1。

表 2-1 中心机房 ATS 设备日常巡视维护

项目	检修内容	正常状态与检修标准		检修周期
OCC 机房 ATS 设备日常巡视维护	查看 ATS 机房温湿度	温度:15~30℃;湿度:10%~60%		每日
	检查机柜外观是否完好	机柜门无破损,柜门锁开关顺利		每日
	查看机房内各服务器指示灯状态	机柜正面	电源指示灯:绿色常亮	每日
			网口 1 指示灯:绿闪	
			网口 2 指示灯:绿闪	
			两个硬盘指示灯:同时绿闪	
			工作指示灯:绿色常亮	

（续）

项目	检修内容		正常状态与检修标准	检修周期
OCC 机房 ATS 设备 日常巡视 维护	查看机房内各服务器指示灯状态	机柜背面	两个电源指示灯：绿色常亮	每日
			网口 1 指示灯：绿色常亮	
			网口 2 指示灯：绿闪	
	查看机房内各终端服务器指示灯状态	机柜正面	LCD 显示屏显示正确的机名和 IP 地址	每日
			READY 指示灯：绿色常亮	
			串口 1：LED 指示灯 TX 不断闪烁	
		机柜背面	电源开关：on 位置	
			LAN 口指示灯：绿闪	
	查看机房内 232～422 转换器指示灯状态	机柜背面	Power 指示灯：红色常亮	每日
			RS-232 侧接收指示灯：橙色闪亮	
			RS-232 侧发送指示灯：长灭	
	查看机房内 232～423 转换器电源指示灯状态	机柜背面	DC OK 指示灯：绿色常亮	每日
	查看机房内 KVM 切换器指示灯	机柜正面	Power 指示灯：绿色常亮	每日
			各显示器的 Power 指示灯：绿色常亮	
			各显示器的 select 指示灯：熄灭选中某显示器后，其 select 指示灯红色常亮	
	查看机房内机架显示器指示灯状态		显示器正常显示	每日
	查看机房内磁盘阵列指示灯状态	机柜正面	各磁盘（1~10）下端的指示灯绿色常亮或绿闪	每日
			UID 指示灯：浅橙色常亮	
			告警灯：橙色常亮	
			电源灯：绿色常亮	
		机柜背面	电源模块 OK 指示灯：绿色常亮	
			电源模块警告灯：熄灭	
			SAS 模块数据口 link 指示灯：绿色常亮	
			SAS 模块数据口 ACT 指示灯：绿闪	
			SAS 模块网口 link 指示灯：绿色常亮	
			SAS 模块网口 ACT 指示灯：绿闪	
	检查机房内 SAN 交换机各指示灯的运行状态是否正常	机柜正面	硬盘指示灯：绿闪或绿色常亮	每日
			UID 指示灯：浅橙色常亮	
			警告灯：橙色常亮	
		机柜背面	Power OK 指示灯：红色常亮	
			Link 指示灯：绿色常亮	
			网口指示灯：绿闪	
	运行命令，查看已运行的进程情况，是否完全运行了所有正确的进程			每日

(续)

项目	检修内容	正常状态与检修标准		检修周期
OCC 机房 ATS 设备 日常巡视 维护	检查接口服务器与外部系统的网络连接状态	Ping 各站 SCC 主机跟接口服务器的连接状态	网络连接状态正常，Ping 命令成功	每日
		Ping 综合监控系统跟接口服务器的网络连接状态	网络连接状态正常，Ping 命令成功	
	检查主服务器与各车站 ATS 工作站的网络连接状态	Ping 各站 ATS 工作站跟主服务器的连接状态	网络连接状态正常，Ping 命令成功	每日

（2）培训室 ATS 设备日常巡视维护　培训室 ATS 设备日常巡视维护，详见表 2-2。

表 2-2　培训室 ATS 设备日常巡视维护

项目	检修内容	正常状态与检修标准		检修周期
培训室 ATS 设备日常 巡视维护	查看 ATS 机房温湿度	温度：15~30℃；湿度：10%~60%		每日
	检查机柜外观是否完好	机柜门无破损，柜门锁开关顺利		每日
	查看培训服务器指示灯状态	机柜正面	电源指示灯：绿色常亮	每日
			网口 1 指示灯：绿闪	
			网口 2 指示灯：绿闪	
			两个硬盘指示灯：同时绿闪	
			工作指示灯：绿色常亮	
		机柜背面	两个电源指示灯：绿色常亮	
			网口 1 指示灯：绿色常亮	
			网口 2 指示灯：绿闪	
	查看机房内 KVM 切换器指示灯	机柜正面	Power 指示灯：绿色常亮	每日
			各显示器的 Power 指示灯：绿色常亮	
			各显示器的 select 指示灯：熄灭选中某显示器后，其 select 指示灯红色常亮	每日
	查看机房内机架显示器指示灯状态	显示器正常显示		每日
	运行命令，查看已运行的进程情况，是否完全运行了所有正确的进程			每日

（3）OCC 设备日常巡视维护　中心工作站设备日常巡视维护，详见表 2-3。

表 2-3　中心工作站设备日常巡视维护

项目	检修内容	正常状态与检修标准	检修周期
OCC 设备日常 巡视维护	查看大屏工作站是否完好正常	工作站主机放置在规定位置，线缆整齐	每日
		鼠标、键盘无卡阻，灵活好用	
		运行命令，查看已运行的进程情况，是否完全运行了大屏工作站所有正确的进程	
		大屏工作站桌完好无破损	

（续）

项目	检修内容	正常状态与检修标准	检修周期
OCC 设备日常巡视维护	询问行车调度员，相关打印功能情况是否正常	各个报表页面打印功能可用	每日
		4 个打印机无故障情况	
	询问行车调度员，各工作站使用情况是否正常	行车调度工作站各功能可用且显示正常	每日

4. 定期维护

定期维护由需要定期完成的任务组成，例如清洁、安全检查、性能写实。所有定期维护任务必须由维护时间表安排并且记录在文件中，定期维护时间详见表 2-4。

表 2-4　定期维护时间表

项目	维护类型	频率
设备室	定期清洁	一月一次
计算机显示器	定期清洁	一月一次
计算机键盘	定期清洁	一月一次
鼠标/追踪球	定期清洁	一月一次
计算机机箱	定期清洁	每四个月
打印机	定期清洁	一月一次
系统服务器	数据库监控	每天
应用数据库	定期数据库重启	每 4~5 个月

5. 一般周期维护

（1）**定期重启控制台以及显示器**　MMI 进程必须定期进行重启以保证窗口资源可用性。每台运行 MMI 的设备至少需要每三月进行一次重启。设备包括每个调度员控制台以及大屏显示工作站。

（2）**监测文件大小**　系统管理员一项日常任务是监测关键文件大小，确定文件不会过大或造成系统故障。常见问题是自动生成日志文件。ATS 子系统错误/输出文件保存在 HOME/etc 目录中。每个文件的大小须在 2MB 内，文件达到 2MB 后将被重写。

（3）**日志文件**

1）日志文件地点以及命名惯例：Lgr 任务将消息存储在"事件日志文本文件"以及"事件日志原始"文件，这些日志文件将在 HOME/dat 目录下创建并保存。

2）扫描错误和不常见的信息日志："Error Logs"（错误日志）和"Message Log"（信息日志）应是定期地对反常信息或混合信息进行扫描，这种混合信息可能指示将出现的更严重问题。

3）回收错误和信息日志：回收错误和信息日志应定期地进行存档和消除。

4）产品数据库服务器的定期重启：产品关系型数据库管理系统必须进行定期的重启，以避免任何潜在的性能问题。

二、ATS 设备故障诊断检修

1. 网络通信故障诊断

两台服务器通过交换机网络口连接，传递双机热备状态信息。

正常情况下，其中一台服务器以主机身份运行，另一台服务器以备机身份运行，若发现两台服务器同时以主机身份或者同时以备机身份运行时，可初步判断为两服务器间的网络连接发生故障。

此时，先退出 ATS 应用程序，关闭两台服务器，然后检查网络电缆。不可带电操作，以免损坏服务器设备。维护人员应确保网络电缆无损坏，接口应连接紧密。检查完毕后重新启动两台服务器计算机，运行服务器程序并查看运行状态。若此时还有问题，还需检查服务器的网络接口。

2. 网络连接故障诊断

每台服务器安装有两块网卡，用以实现双网连接，提供更高的可靠性。当其中一块网络接口卡发生故障时，系统仍然可以正常运行，但此时已不是双网连接了，降低了系统的可靠性。维护人员要定期检查服务器的网卡的工作状态，确保每台服务器的两块网络接口卡都能正常工作，发现故障要及时排除。

检查网络连接终端指示灯的显示状态：

1）网络交换机或 HUB：

绿色：网络端口与其连接的网卡之间的链路连通。

黄闪：网络端口与计算机设备正在连接过程中。

灭灯：网络端口和与其相连的网卡之间的链路断开。

2）网卡：

黄闪：网卡和与其相连的交换机网络端口之间的链路连通，速度 100Mbit/s。

绿闪：网卡和与其相连的交换机网络端口之间的链路连通，速度 10Mbit/s。

灭灯：网卡和与其相连的交换机网络端口之间的链路断开。

> **知识拓展**
>
> **全自动运行系统中列车自动监控的大脑引擎——联动引擎**
>
> 联动引擎核心功能由终端模块、数据库处理服务和联动后台服务组成。终端模块可分为联动定义终端、配置终端、联动执行显示终端。终端模块以动态变化的列车信息和计划，根据 ATS 子系统自身的特性加以处理提炼，得到可以识别的通用的动作触发条件和通用的动作描述语言，供用户根据实际情况进行联动编辑。
>
> 数据库处理服务负责存储联动定义终端编辑好的预案，并在系统启动后接收其他模块的请求命令，将数据反馈给其他各个模块。该模块还包括已执行过的历史预案信息的存储，不仅可以提供可参考的数据，当系统突然中断还可以通过查询历史预案信息，恢复中断时未执行的预案。
>
> 联动后台服务可分为联动触发服务和联动后台执行服务。联动触发服务，以预案定义的触发条件为目标，不间断地进行轮询或者接收其他模块发送的相关数据并加以解析，以判断是否满足触发条件；联动后台执行服务则在预案已经触发后，解析预案中每一个

步骤的具体内容，将其转化为 ATS 子系统可以识别的命令，并将其发送给 ATS 子系统的命令处理模块，由其进行具体的命令执行。

联动引擎的目的在于提升联动方案的灵活度，减轻全自动驾驶制式下运营人员的工作强度，减少突发事件的处理时间。联动预案场景需要与用户的需求深度结合，提炼和挖掘自动联动的链条。通号城交公司经过3年的积累和沉淀，与多地用户、与信号系统内其他专业进行了长期研究和深度挖掘，自主研发的联动引擎具备了自动唤醒、休眠、自动出入库、自动洗车、火灾自动扣车等能力，通过充分的试验验证，正逐步应用于全自动运行线路，持续为改善地铁业主用户体验、改进系统性能做出贡献。

资料来源：通号城交，2022 年 05 月 25 日

【学习小结】

1. 中心服务器：ATS 子系统服务器主要包括主机服务器、通信服务器、数据库服务器和接口服务器。
2. ATS 工作站：调度工作站用于调度员完成调度和运营作业，是控制中心的重要设备。每套调度工作站一般都有主机、显示器、键盘、鼠标和网络接口等。
3. 综合显示屏：综合显示屏设置于控制中心，行车调度员正面，显示全线的线路及车站布置。它可以监视全线控制区域的列车运行轨迹，显示道岔、信号机和轨道电路等信号设备的状态，站控与遥控状态，折返站的折返模式等。
4. 辅助设备包括打印设备、网络设备和电源设备等。
5. 中心 ATS 设备日常巡视维护包括日常巡视维护、定期维护和一般周期维护。
6. ATS 设备故障诊断检修包括网络通信故障诊断和网络连接故障诊断。

【知识巩固】

一、填空题

1. 主机服务器是 ATS 子系统的数据处理中枢，负责全线的 ATS 子系统功能，主要完成_____、_____、_____和控制请求确认等。
2. ATS 通信服务器是三台同样的服务器，一台备用在_____，两台在_____，一主一备，相互热备。
3. 综合显示屏设置于_____，行车调度员正面，显示_____及_____，它可以监视全线控制区域的列车运行轨迹等。
4. 定期维护由需要定期完成的任务组成，如_____、_____、性能写实。

二、简答题

1. 请列举控制中心 ATS 子系统的设备组成。
2. 请简述中心机房 ATS 设备日常巡视维护内容。
3. 请简述 ATS 设备通信故障的诊断检修方法。

任务三　中心 ATS 工作站操作

【任务描述】

中心 ATS 工作站能够帮助调度人员了解和掌握列车的实际运行情况及轨旁信号设备的显示情况，那么控制中心的调度工作站 ATS 软件界面会显示哪些信息呢？调度人员如何操作 ATS 系统软件来保证全线运营安全、高效、有序进行呢？

【学习目标】

知识目标	技能目标	素养目标
1. 能够正确认知 ATS 工作站界面显示相关信息 2. 能够熟悉 ATS 工作站软件功能	1. 掌握 ATS 调度工作站系统菜单操作方法 2. 掌握 ATS 调度工作站站场图菜单操作方法	1. 能够按照 5S 管理规范和检查标准维护实训环境 2. 能够通过标准化作业，养成遵规守纪的工作习惯

【知识准备】

一、中心 ATS 工作站界面

作为城市轨道交通中列车运营监控平台，ATS 子系统能够实时获取列车和信号设备的状态数据，并通过人机界面即时显示。由于不同厂家 ATS 子系统与 ATP/ATO 子系统接口形式有很大区别，下面以北京交控科技有限公司 TICS 300 型 ATS 工作站界面显示为例进行说明。

在大多数情况下，TICS 300 系统会根据所获取的现场实时状态信息，自动产生控制命令。必要时，调度指挥人员可以通过该系统发出控制指令。TICS 300 系统可以有效地减轻运营调度人员的作业负担，保证列车运行的计划性和稳定性，大幅提升列车运营的效率和服务水平。TICS 300 系统主要功能包括：系统管理、信号设备管理、列车管理、时刻表/运行图管理、运行辅助管理、维护信息与告警管理、统计与报表管理等。

1. 控制模式

在站场信息显示区中，集中站站名下方有四个表示灯（图 2-16），其中两个用于表示调度控制权状态，详见表 2-5。

图 2-16　控制模式图示

表 2-5 ATS 控制台控制状态表示

ATS 控制状态	状态描述	表示含义
遥控（绿色）	绿色	中心调度工作站具有该集中站区域的调度控制权
站控（黄色）	黄色	车站现地工作站具有该集中站区域的控制权

2. 信号机

信号机表示详见表 2-6。

表 2-6 信号机表示

信号机状态	状态描述	表示含义
绿灯亮	绿色点亮无叉	道岔已锁闭，并开通直向，准许接近列车按规定速度运行，信号机处于实际点灯状态
绿灯带叉	绿色点亮带叉	道岔已锁闭，并开通直向，准许接近列车按规定速度运行，信号机处于逻辑点灯状态
黄灯亮	黄色点亮无叉	道岔已锁闭，并开通侧向，准许接近列车按规定的限制速度运行，信号机处于实际点灯状态
黄灯带叉	黄色点亮带叉	道岔已锁闭，并开通侧向，准许接近列车按规定的限制速度运行，信号机处于逻辑点灯状态
红灯亮	红色点亮无叉	不准列车越过信号机，列车在信号机前停车，信号机处于实际点灯状态
红灯带叉	红色点亮带叉	不准列车越过信号机，列车在信号机前停车，信号机处于逻辑点灯状态
红黄灯	红灯、黄灯点亮	开放引导信号，准许接近列车以不大于规定值的速度越过该架信号机并随时准备停车
全灭	全部灭灯	系统通信中断或 CI 未上电
红灯闪	红灯位闪烁	信号机由于灯丝断丝等故障原因无法开放

3. 道岔

道岔表示详见表 2-7。

表 2-7 道岔表示

图例	状态描述	表示含义
6 /	道岔处在定位状态时，道岔号显示绿色，其显示位置应和信号平面图上的开向一致	定位
6 /	道岔处在反位状态时，道岔号显示黄色，其显示位置应和信号平面图上的开向一致	反位

(续)

图例	状态描述	表示含义
	在转换过程中,岔尖以站场底色显示,道岔号闪动红色,转到预期位置后道岔号会显示对应位置颜色	转换过程中
	道岔失去表示时,道岔号闪动红色,岔尖以站场底色显示	失去表示
	此时道岔号和岔尖红闪	挤岔
	当道岔单锁时,该道岔号显示红色	单锁
	道岔号码全显示红色	引导总锁
	当道岔封锁时,该道岔号显示蓝色,岔尖显示粉色	道岔封锁

4. 区段

物理区段由一个或多个逻辑区段组成,轨道上方的轨道编号表示物理区段的名称,轨道下方的名称表示逻辑区段的名称。物理区段以竖线分隔,逻辑区段以细缝分隔。区段显示定义详见表2-8。

表 2-8　区段显示定义

区段颜色	状态信息表示
浅蓝色	区段处于空闲解锁状态
红色	CBTC 车占用
白色	区段处于空闲锁闭状态
紫色	非 CBTC 车占用
黄色	防护区段锁闭
棕色	ARB 故障(计轴故障)
绿色	区段处于出清状态,需要故障解锁
灰色	未知区段的状态
闪烁	区段切除状态

5. 进路属性

进路表示详见表 2-9。

表 2-9 进路表示

图例	状态描述	表示含义
	信号机带有绿色箭头	以该信号机为始端的某条进路处于自动进路状态
	信号机带有黄色三角	以该信号机为始端的进路中存在"人工控"状态。出现"人工控"状态，包括以下情况： 1）人工办理的进路：原进路属性为自动触发，后由人办理该条进路，此时显示黄三角，待列车通过进路解锁后，三角自动消失 2）人工取消的进路：人工取消了ATS自动触发的进路或者人工办理的进路，此情况下，黄三角一直显示直到转换为ATS控制后消失 3）人工将"自动控"信号机设置为"人工控"
	信号机旁无三角和绿色箭头	以该信号机为始端的所有进路都为自动触发进路

6. 站台

站台表示详见表 2-10。

表 2-10 站台表示

图例	说明	表示方法
	列车停稳	站台矩形背景显示黄色
	清客	站台矩形背景显示褐色
	紧急关闭	显示红色菱形
	跳停	设置跳停后，站台发车端显示粉红色S；当跳停列车进入跳停站台时字母S开始闪烁；当列车离开站台时停止闪烁；如果站台再无列车跳停，则字母S消失
	扣车	站台发车端显示字母H 颜色定义为： 黄色——车站设置站台扣车 绿色——中心设置站台扣车 红色——中心与车站同时设置扣车 隐藏——站台没有被设置扣车

（续）

图例	说明	表示方法
	提前发车	站台发车端显示红色"000"
	正在倒计时 （以秒为单位）	发车端显示计时数值 颜色定义为： 绿色——列车早点或正点到站，倒计时 红色——列车晚点到站，正计时
	人工设置停站时间	站台右下角显示白色数字
	人工设置运行等级	站台右上角显示黄色数字

二、中心 ATS 工作站软件操作

ATS 工作站的软件界面非常友好和清晰，会逐步引导操作员到下一个可能的选择，这样，为执行一个操作，操作员并不需要深入了解系统。而作为维护人员，仅仅需要对其软件界面的显示状态有一定程度的认识和理解即可。

1. 列车监视和跟踪

ATS 子系统对在线所有的运行列车进行实时的监视和跟踪，并在相应的轨道图上显示列车的位置和状态，轨道图界面如图 2-17 所示。列车追踪功能分为两种：

1）点式 ATP 下：通过计轴的占用和出清，实现列车的追踪。
2）CBTC 模式下：通过 CC 实时报告列车位置，实现列车的追踪。

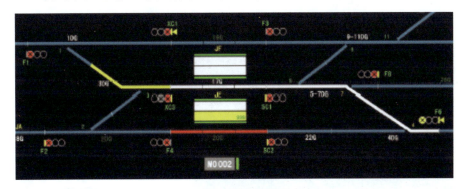

图 2-17　轨道图界面

2. 进路控制

ATS 子系统根据赋予列车的目的地号（DID）自动为列车选排进路，实现进路的自动控制。设置自动进路后，进路自动建立。当列车通过后，进路不解锁。当列车越过相关区段后，进路自动建立。

操作人员任何时候都可以对进路进行人工设置，在轨道图站名图标上单击右键，从下拉菜单中选择进路模式，然后在右侧菜单中选择自动或人工并发送，即可选择自动或人工排列进路，如图2-18所示。人工进路模式无法自动触发进路，在时刻表调整模式时调度员需在运营前将全线各站调为人工模式。取消进路、单解、信号机解封等操作后都会自动切回人工模式。

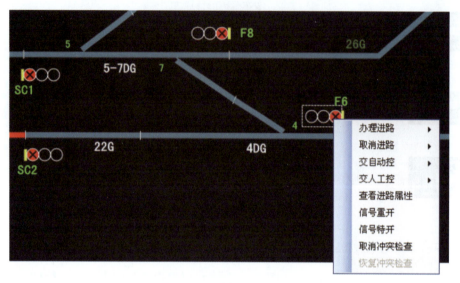

图2-18　进路控制模式切换

3. 列车折返

折返模式用于终端站或折返站交叉渡线的折返控制，如图2-19所示。主要的折返模式有：

1）直线折返模式。表示"直进弯出"的折返模式，所有列车通过直线进路折返。
2）侧线折返模式。表示"弯进直出"的折返模式，所有列车通过侧线进路折返。
3）侧线优先折返模式。表示"直线折返模式"和"侧线折返模式"均有效的折返模式，通常是"侧线折返模式"优先，列车通过交替的进路进入每个已经出清的站台/折返线，优先选择侧向进路。

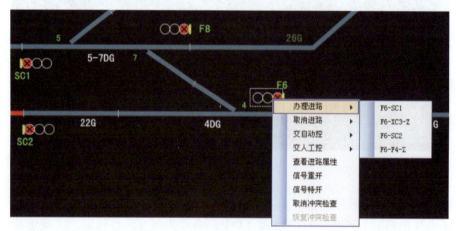

图2-19　列车折返模式

在轨道平面图的站名图标上单击右键，从下拉菜单中选择折返模式，然后在右面菜单中选择直接折返、侧线折返或侧线优先折返并发送，即可设置折返模式。

4. 列车运行调整

列车调整可以设置四种模式：

1）时刻表调整。时刻表调整模式下系统能够自动控制列车运行，若列车因为某种原因偏离计划时刻表，系统将自动调整列车的运行等级（区间运行速度）或停站时间，使列车时刻表之间的偏差降至最低。

2）运行间隔调整。运行间隔调整能自动管理列车运行，平衡正线上列车到达各个车的时间间隔。

3）无调整。无调整模式下所有的列车管理功能均由调度员人工操作实现，系统不会自动控制及调整。

4）站停时间调整。左键单击站台图标，在如图 2-20 所示窗口左键单击站停时间调整，然后在打开的窗口中调整站停时间并确认。

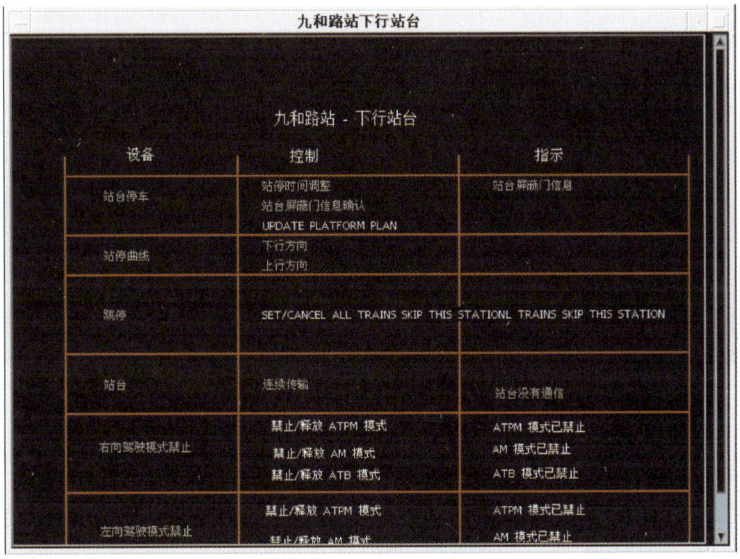

图 2-20　站停时间调整

中心调度员可在任何时候通过以下方式对列车运行进行人工控制：

1）对有关站台实施扣车、提前发车或跳停。

2）改变列车在区间的走行时分、停站时分。

3）对计划运行图进行在线修改，包括对单列车或多列车进行修改，甚至对所有列车进行"时间平移"，增加或删除运行计划线，改变列车的始发站，调整停站时间、终到站及始发时间，调整列车的出、入车辆的时间等。

5. 控制权限切换

用户从中心 ATS 工作站转换相应联锁站的控制权到用户的本地 ATS 车站工作站有两种操作方式：第一种在车站，操作员发送一个控制请求，在中心 ATS 工作站的调度员同意这个请求；第二种控制转换方式允许本地的操作员在没有中心 ATS 工作站同意的情况下去转换控制权。

从本地 ATS 车站工作站执行下列步骤请求本地控制：在轨道平面图的联锁站名字图上，单击鼠标右键，从本地控制许可菜单中选择"请求"选项；单击鼠标右键发送，黄色 LC 闪烁。从位于中心的 ATS 工作站授予本地控制的请求：在轨道布置图的位置图标上单击鼠标右键，从本地控制许可菜单中选择"授权"；单击鼠标右键发送，黄色 LC 稳定，如图 2-21 所示。

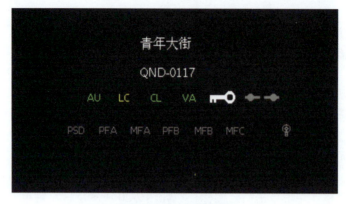

图 2-21 控制权限切换

紧急情况下车站可以不需 OCC 的授权就取得控制权。报警队列中会产生相应报警提示，如图 2-22 所示。

图 2-22 控制权限转换报警队列

6. 操作报警

操作报警主要包括轨旁报警、ATS 报警、车辆报警和站台门报警等。如图 2-23 所示，系统通过闪烁的按钮来通知操作员有报警发生和偏离正常状态，某些情况下还会伴随声音提示，这样，不管当前屏幕显示什么，操作员都能注意到系统事件。只有当该工作站对故障发生区域有控制权时，才会接收到报警。

可以通过报警信息，分析设备出现的故障情况。

图 2-23 报警信息队列

项目二　中心列车自动控制系统认知与维护

一、中心 ATS 调度工作站操作

1. ATS 调度工作站系统菜单操作

（1）**系统菜单的用户管理模块**　在这里可以完成系统用户的登录和退出，单击界面左上角【系统】-【用户管理】-【登录】，弹出如下窗口（图 2-24）。

输入用户名及密码，登录成功后，标题栏左上角显示工作站名称（图 2-25）。

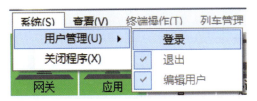

图 2-24　登录账号路径

图 2-25　登录界面

选择【系统】-【用户管理】-【退出】，已登录用户可以通过【退出】功能，退出当前登录的账号（图 2-26）。

（2）**查看菜单**　选择【查看】-【列车详细信息】，弹出如下菜单（图 2-27）。

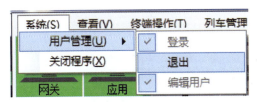

图 2-26　退出账号路径

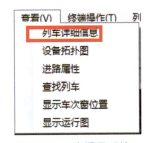

图 2-27　查看子系统

在列车详细信息中可以查看当前所有运行列车的车次信息、早晚点状态、跳停扣车状态等（图 2-28）。

选择【查看】-【进路属性】，弹出如下窗口（图 2-29）。

在弹出的窗口中，可以查看以下行出站信号机为始端信号机的所有进路属性。

选择【查看】-【查找列车】，弹出如下窗口（图 2-30）。

43

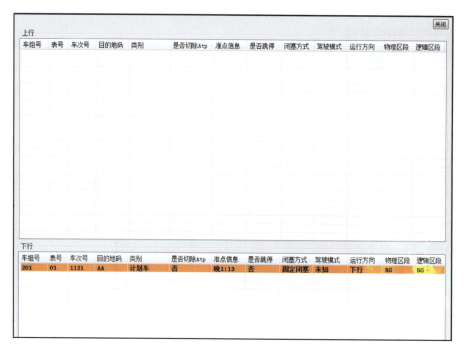

图 2-28 列车详细信息窗口

图 2-29 进路属性窗口

图 2-30 查找列车窗口

在对话框中输入需要查找列车的车组号,单击搜索,被查找的列车出现在显示屏的正中央。

选择【查看】-【显示车次窗位置】,弹出如下窗口(图 2-31)。

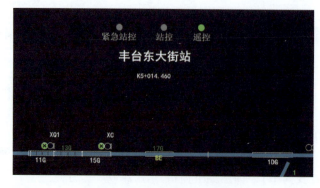

图 2-31 车次窗显示位置

选择【查看】-【显示运行图】,弹出如下窗口(图2-32)。

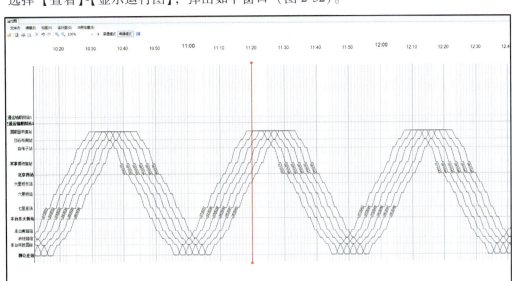

图 2-32　运行图

(3) **终端操作菜单**　选择【终端操作】-【设置临时限速】,弹出如下窗口(图2-33)。

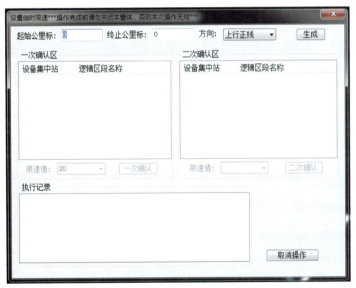

图 2-33　临时限速窗口

确认需要临时限速区段,输入起始公里标和终止公里标,单击"生成",进行一次、二次确认后,临时限速生效。

选择【终端操作】-【派班计划】,弹出如下窗口(图2-34)。

选择【终端操作】-【取消上/下行全线扣车】,弹出如下窗口(图2-35)。

(4) **统计报表菜单**　选择【统计报表】-【统计报表查询】,弹出如下窗口(图2-36)。

在统计报表窗口中,可以查询到列车走行公里报告、司机驾驶公里报告、存备车报告、列车整备状态报告、时刻表准点率报告、ATO停车精度、日常运行报告、调度员日志报告、计划偏离报告、时刻表兑现率报告和满载率报告信息。

图 2-34　派班计划窗口

图 2-35　取消上/下行全线扣车确认框

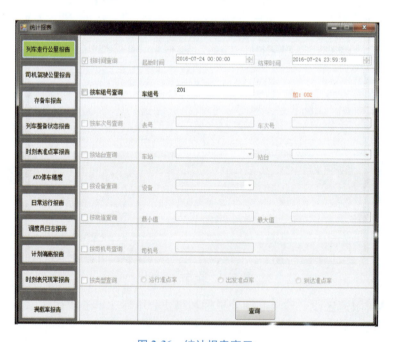

图 2-36　统计报表窗口

2. ATS 调度工作站站场图菜单操作

（1）站场图右键菜单　单击鼠标右键，在弹出的菜单中选择【车站定位】，被选车站显示在屏幕正中央（图 2-37）。

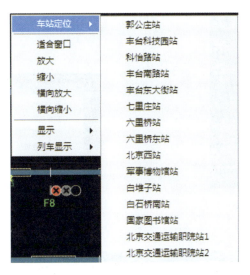

图 2-37　车站定位菜单

单击鼠标右键,在弹出的菜单中选择【显示物理区段名称】,站场图中正常显示区段名称(图 2-38)。

图 2-38　物理区段名称

单击鼠标右键,在弹出的菜单中选择【显示逻辑区段名称】,逻辑区段名称在站场图中正常显示(图 2-39)。

单击鼠标右键,在弹出的菜单中选择【显示信号机名称】,信号机名称在站场图中正常显示(图 2-40)。

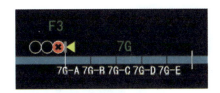

图 2-39　逻辑区段名称

图 2-40　信号机名称

单击鼠标右键,在弹出的菜单中选择【显示道岔名称】,道岔名称在站场图中正常显示(图 2-41)。

(2)信号机操作　在可排列进路的信号机上单击右键,选择【办理进路】,选择需要办理的进路名称(图 2-42)。

在已开放进路的始端信号机上单击右键,选择【取消进路】,选择可选的进路名称(图 2-43)。

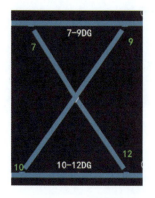

图 2-41　道岔名称

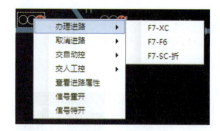

图 2-42　办理进路

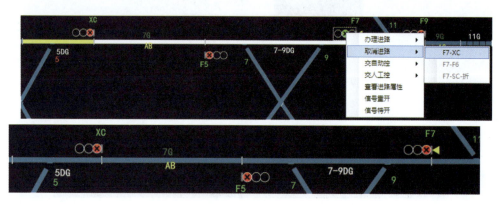

图 2-43　取消进路

在处于人工控制的信号机上单击右键，选择【交自动控】，选择激活可点进路。在处于自动控制的信号机上单击右键，选择【交人工控】，选择需设为人工控制模式的进路。在可办理进路信号机上单击右键，选择【查看进路属性】，在弹出的窗口中可查看包含本架信号机的所有进路属性（图2-44）。

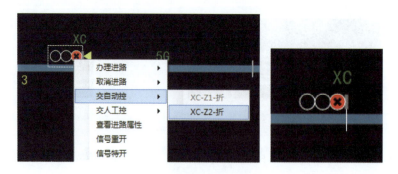

图 2-44　交自动控

（3）站台操作　在任意站台单击右键，选择【扣车】，单击确认，站台显示如图 2-45 所示。

右键单击已设置扣车站台，选择【取消扣车】，单击确认，站台显示如图 2-46 所示。

图 2-45 扣车状态

图 2-46 取消扣车状态

在任意站台单击右键,选择【跳停】,单击确认,站台显示如图 2-47 所示,右键单击已设置跳停站台,选择【取消跳停】,单击确认,即可取消跳停。

在发车计时器开始倒计时的站台右键,选择【立即发车】,单击确认,站台显示如图 2-48 所示。

图 2-47 跳停状态

图 2-48 立即发车

右键单击任意站台,选择【停站时间】,单击人工,输入停站时间,单击确定,站台显示如图 2-49 所示。

(4)车次窗操作 右键单击任意车次窗,选择【标记列车】,列车车次窗显示如图 2-50 所示。

图 2-49 设置停站时间

图 2-50 标记列车

二、控制中心工作服务器故障诊断

1)工作服务器若发生故障,自动开关就会探测到,然后把控制权转交给备用服务器,备用服务器即成为工作服务器。

2)该服务器探测到自己成为工作服务器后,向所有车站 ATS 索取信息,并停止处理来自工作站的控制指令。

3)为了响应控制中心发出信息的要求,每个车站 ATS 将其控制区内的信号设备和列车的完整信息送给控制中心。控制中心索要的车站 ATS 信息的发送速度受到控制,以避免让通信网络或中央服务器超载。当所有信息收集齐全后,恢复全部的控制设施,供调度员使用。

4)从工作服务器失灵到自动开关测出失灵状态、转交控制权,再到信息传送完毕,整个过程需要的时间不到 1min。除了向控制中心传送信息外,车站 ATS 还继续执行所有正常的列车跟踪和路线设定功能,线路继续运营,但路线设定功能降级。

三、控制中心设备全面失灵故障检修

1）如果控制中心设备全面失灵，系统在车站 ATS 指挥下继续运行，基本上就是这种能力的延伸。车站 ATS 在硬盘上存储有 7 天的时刻表信息，每个车站 ATS 将继续按照当前的时刻表自动设定路线。

2）车辆段控制器可以独立于控制中心，将出站列车信息传给相邻的车站 ATS，因此可以指定一列列车投入运行，由车站 ATS 指挥它在正线上行驶，直到它返回车辆段。

3）当控制中心系统恢复后，每个车站 ATS 将把其当前状态的信息送给控制中心，恢复监视、控制整个系统的能力，调度员能够上载存储在本车站 ATS 和车辆段控制器中的记录信息。

 知识拓展

卡斯柯 CTC 仿真实训平台

卡斯柯最新版 CTC 仿真实训系统，包含 1 套教师台、1 套辅助台、4 套学员台，同时配套的应急处置场景流程 30 多个，另含 3 个基本操作练习教学流程，如图 2-51 所示。

引入完全真实的 CTC 系统，并高度仿真轨旁设备、列车运行、多工种角色，真实还原调度员的日常工作环境，可以让学员"沉浸式"体验 CTC 系统全部功能，以及设备和列车的基本状况，直观感受不同的演练场景，彻底告别过去"纸上谈兵"的培训方式。

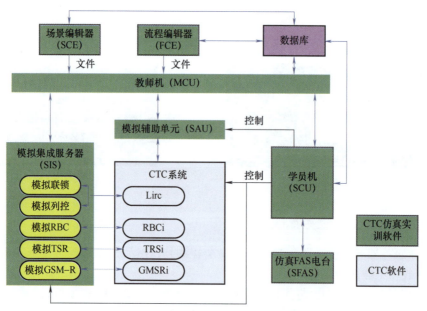

图 2-51　卡斯柯 CTC 仿真实训系统

此外，实训功能还增加了应对突发故障的演练，实现了应急处置流程的标准化，将国铁集团、路局颁布的各项规范、规定融入应急处置流程，有利于科学指导应急管理工作的开展。

资料来源：中国通号，2022 年 05 月 23 日

【学习小结】

1. ATS 工作站界面显示：作为城市轨道交通中列车运营监控平台，ATS 系统能够实时获取列车和信号设备的状态数据，并通过人机界面即时显示。

2. 中心 ATS 工作站软件操作：ATS 设备工作站的软件界面非常友好和清晰，会逐步引导操作员到下一个可能的选择；作为维护人员，仅仅需要对其软件界面的显示状态有一定程度的认识和理解即可。

3. 中心 ATS 调度工作站操作包括：ATS 调度工作站系统菜单操作、ATS 调度工作站站场图菜单操作、控制中心工作服务器故障诊断和控制中心设备全面失灵故障检修。

【知识巩固】

一、填空题

1. 在站场信息显示区中，集中站站名下方有四个表示灯：_____表示中心调度工作站具有该集中站区域的调度控制权；_____表示车站现地工作站具有该集中站区域的控制权。

2. 道岔处在_____时，道岔号显示绿色，其显示位置应和信号平面图上的开向一致；道岔处在_____时，道岔号显示黄色，其显示位置应和信号平面图上的开向一致。

3. ATS 子系统对在线所有的运行列车进行实时的_____和_____，并在相应的轨道图上显示列车的位置和状态。

4. _____用于终端站或折返站交叉渡线的折返控制。

5. ATS 报警内容包括：_____、_____、ATS 自身的报警、站台门报警等。

二、简答题

1. 请简述控制中心 ATS 子系统工作站界面内容。
2. 请简述控制中心 ATS 子系统设备机房日常巡视检查内容。
3. 请简述控制中心 ATS 子系统工作站维护内容。

项目三

车站列车自动控制系统维护与检修

项目三　车站列车自动控制系统维护与检修

【情境导入】

2019 年 9 月，北京地铁有 10 条线路运行间隔在 2min 内，处于国际领先水平。采用地铁列车的"车-车通信"系统、智能列车鹰眼系统等最新列车控制技术，跑进"2min 间隔"的北京地铁还将更快。地铁的运行间隔是以秒为单位计算的，每快一秒都会给整个路网的效率带来提升，技术和管理挑战也更大。

在日常生活中，时常听到这样的报道，"早高峰某地铁线路信号故障，大量乘客滞留，多车晚点，全路网受到影响。"当区域控制发生故障时，可能导致区域内所有列车突发信号故障，该区域内列车全部紧急制动，信号人员需要立即对该区域 ATC 设备进行检查，经多方检查与分析，确定该区域哪些功能出现故障，并立即进行故障处理。

车站列车自动控制系统正是列车运行间隔控制的重要保障。作为信号技术人员，该如何诊断区域列车运行控制故障？如何定位故障点并修复故障呢？

任务一　车站 ATS 系统维护

【任务描述】

ATS 车站分为两种类型：一种是放置各种备用服务器的车站，称为正线设备集中站；另一种是普通的车站，称为正线非设备集中站，两者设备各有不同。集中站正线设备与非集中站正线设备有何不同？对车站 ATS 设备如何操作并如何进行设备的维护与检修呢？

【学习目标】

知识目标	技能目标	素养目标
1. 能够正确认知集中站 ATS 设备与非集中站 ATS 设备 2. 了解集中站 ATS 与非集中站 ATS 的功能	1. 能够通过车站 ATS 系统进行进路控制、道岔控制和跳停扣车等操作 2. 能够对车站 ATS 系统进行周期性维护与检修	1. 具备一定的信息技术应用能力，能够熟练地操作各种行车软件 2. 具备创新思维，能通过日常积累与工作总结，提出合理建议，提高工作成效

【知识准备】

车站 ATS 设备主要是运行终端软件，提供实现 ATS 操作功能的人机界面。车站 ATS 设备主要包括正线设备集中站、正线非设备集中站、车辆段值班工作站、派班工作站和网络设备。

一、正线设备集中站

1. 系统设备

正线设备集中站监督和控制本集中站管辖范围内各车站的信号设备，控制发车计时器和旅客向导显示牌，向广播系统提供列车到达预报，监视左右相邻集中站的信号设备。每个正线设备集中站 ATS 系统主要包括：1 套主/备车站 ATS 分机、1 套主/备车站 ATS 工作站（与联锁中现地工作站为同一设备）、1 个设备机柜、两台网络交换机、若干台发车指示器（DTI）、若干光纤转换器、车站打印机，如图 3-1 所示。

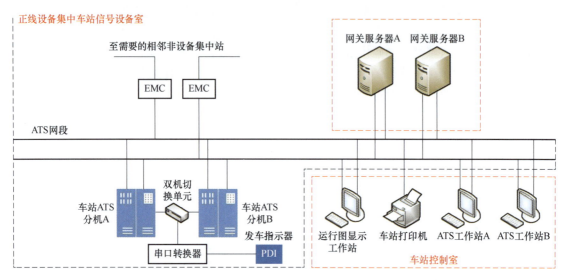

图 3-1　正线设备集中站车站 ATS 设备

（1）**车站 ATS 分机**　车站 ATS 分机是集中站的核心设备，负责与车站联锁、区域控制器进行接口，负责将联锁采集的信息以及车站区域控制器设备传递过来的列车位置、状态等信息传递到控制中心 ATS 子系统。同时，车站 ATS 分机还要将控制中心传递过来的进路指令及列车运行指令，通过联锁和 ATP 子系统传递到地面和车站设备。

车站 ATS 分机能根据运行图或目的地触发列车自动进路。当列车到达站台后，车站 ATS 分机将正确驱动发车指示器和旅客向导显示屏上的显示以及列车到达预报的自动广播。车站 ATS 分机是双机冗余的。

（2）**车站 ATS 工作站**　正线设备集中站车站 ATS 工作站一般由主机、显示器、键盘和鼠标设备组成，在此工作站上能正确显示集中站管辖范围内各车站信号设备、站台的状态和车次号，如图 3-2 所示。

在本站取得对车站控制权的情况下，车站值班员可以在工作站上发出指令，对本站管辖范围内各车站信号设备和站台进行人工控制，指挥列车安全运行。当设备集中站的冗余车站 ATS 分机均发生故障的情况下，设备集中站的备用车站 ATS 工作站可以通过退出既有程序，重新设置 IP 地址，实现车站控制功能。

（3）**ATS 服务器**　正线设备集中站车站服务器集中放置于一个机柜中，机柜中设备布置如图 3-3 所示。机柜中包括主服务器、交换机、机架显示器、KVM 切换器等。服务器设备包括主机服务器、通信服务器、接口服务器和终端服务器。

图 3-2 车站 ATS 工作站

图 3-3 正线设备集中站车站服务器机柜

2. 系统功能

正线设备集中站主要完成以下功能：

1）集中站与相邻两集中站管辖范围内各车站信号设备的状态显示。
2）在站控模式下实现对集中站管辖范围内各车站信号设备的人工控制。
3）集中站管辖范围内各车站站台相关的显示。
4）在站控模式下实现对集中站管辖范围内各车站站台相关的人工控制。
5）列车识别号显示和追踪。
6）当中心发生故障时，由车站按照本地预存运行图和列车的目的地自动办理进路。
7）控制发车表示器显示。
8）控制发车计时器显示：显示站停时间、发车指示、扣车指示、跳停指示等。

二、正线非设备集中站

1. 系统设备

正线非设备集中站监督其管辖范围内各车站的信号设备，执行本车站的扣车/终止扣车、提前发车的操作，控制发车计时器和旅客向导显示牌，向广播系统提供列车到达预报。

正线非设备集中站一般不设 ATS 分机，只设车站现地控制工作站，主要包括 ATS 工作站、车站打印机、发车指示器（DTI）等，如图 3-4 所示。

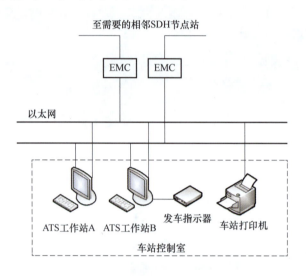

图 3-4 正线非设备集中站车站 ATS 设备组成

正线非设备集中站主要提供站场以及列车车次号监视功能，另外提供办理基本的扣车、跳停等功能。

2. 系统功能

正线非设备集中站主要完成以下功能：

1）集中站与相邻两集中站管辖范围内各车站信号设备的状态显示。
2）集中站管辖范围内各车站站台相关的显示。
3）在站控模式下实现对本车站站台相关的人工控制。
4）列车识别号显示。
5）控制发车表示器显示，具体显示情况同正线设备集中站。
6）向旅客向导系统发送自中心的列车信息，具体信息同正线设备集中站。
7）向车站广播系统提供列车接近条件，作为列车到达预报的自动广播触发信号。
8）采集智能电源屏的维护信息。
9）非设备集中站车站值班员工作站（MMI）上的显示，其与设备集中站车站值班员工作站（MMI）上的显示相同，但是其主要支持扣车、取消扣车、催发车等操作，不支持进路的排列和取消等操作。也就是说，其功能是相应设备集中站 ATS 人机界面的子集。

❖ 想一想：集中站与非集中站 ATS 功能有何不同？

一、车站 ATS 设备操作

1. 进路控制

（1）办理进路

1）自动排列进路：车站 ATS 系统可根据联锁表、计划运行图及列车位置，自动生成、输出进路控制命令，传送到车站联锁设备，设置列车进路。进路控制方式平时由中央计算机按指定运行图及列车位置自动生成控制命令，控制车站的进路和信号机。在车站 ATS 系统中实现，可以根据不同目的地码，自动排列不同的相应进路。

2）人工办理进路：车站 ATS 工作站能够通过人工开放信号机来完成指定进路的建立或取消，将鼠标放在工作站界面的信号机上，单击鼠标右键，屏幕会弹出信号机菜单，选择弹出菜单中的相应的菜单项，如图 3-5 所示。

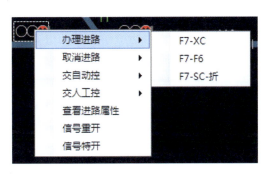

图 3-5 信号机的基本操作

单击鼠标左键，选择进路始端按钮；或者单击鼠标右键，选择进路始端按钮，在弹出信号机菜单中，选择"始端/终端选择"菜单项，再选择进路终端按钮。此时，联锁计算机就会自动检查该进路的进路建立条件，如果满足进路的建立条件，相应的进路会自动建立，并进入相应的监控层，如果达到了主信号层，且始端信号机正常时，始端信号机就会自动开放；但如果只达到了引导层，始端信号机不会开放，只能在满足开放引导信号的条件下人工开放引导信号。

（2）取消进路 在 ATS 上，要取消一条已经排好的进路，只要用鼠标的右键单击该进路的始端信号机，屏幕会弹出信号机菜单，选择弹出菜单中的"取消进路"菜单项，操作完成后，开放的防护信号机关闭信号，操作结束。只有当进路正确建立后才能取消，如果试图取消正在办理的进路，系统会给出提示并拒绝执行。

2. 道岔控制

道岔控制主要包括道岔单操（即将道岔开通定位或反位操纵）、道岔单锁和道岔单解，如图 3-6 所示。

（1）道岔单操 行车调度员可以通过道岔操纵功能对道岔进行单独操纵，使道岔开通定位或反位。移动鼠标指针到需要执行操纵作业的道岔处，单击鼠标右键，屏幕会弹出道岔菜单，在菜单选项中选择"道岔定位"或"道岔反位"，即可对道岔进行操纵，定位操纵使道

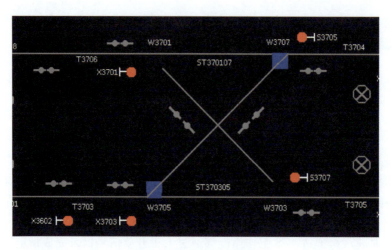

图 3-6　道岔的基本操作

岔转到定位，反位操纵使道岔转到反位。

（2）道岔单锁　行车调度员可以通过道岔单独锁闭功能把道岔锁闭在当前位置，防止道岔被操纵。移动鼠标指针到需要被单独锁闭的道岔处，单击鼠标右键，屏幕会弹出道岔菜单，选择弹出菜单中的"单锁"菜单项，即可对道岔进行单独锁闭。

（3）道岔单解　道岔单解功能可以把已经单锁的道岔解锁，当道岔单独锁闭完成后，道岔就可以被操纵，将鼠标指针移动到需要被单解的道岔处，单击鼠标右键，屏幕会弹出道岔菜单，选择弹出菜单中的"单解"菜单项，即可对已锁闭的道岔解锁。

3. 扣车

车站 ATS 系统向行车调度员提供列车人工扣车功能。列车一旦被停止，列车打开车门并在车站等待直至行车调度员提供一个扣车释放请求。ATS 扣车不会使信号关闭，发车指示器（DTI）将显示扣车信息。ATS 扣车操作窗口如图 3-7 所示。

4. 临时限速

临时限速（TSR）功能为 CBTC 区域内的所有 CBTC 列车建立/修改/取消临时速度限制，临时限速功能按照公里数据设置（一个开始公里标和一个结束公里标）。临时限速功能用于降低指定区域内的 ATP 速度，以 5km/h 为幅度，减至最小 10km/h。

图 3-7　ATS 扣车操作

从车站工作站主界面可打开临时限速窗口，单击"创建临时限速"菜单项进行 TSR 创建，在弹出的确认窗口中进行 TSR 确认，单击"临时限速确认"经过确认后，临时限速才会被实施。

还有两种特殊的临时限速：

1）施工区域临时限速。施工区域是一种特殊的临时限速。区别在于，当通信列车接近施工区域时，系统会产生报警，提示调度员列车接近，需加强注意。

2）关闭区域临时限速。ATS 向 ATP 发出所指定区域的临时速度限制，ATP 将禁止列车进入关闭的区域。

5. 回放功能

回放功能可在指定时间内从系统的角度重现并回放信号系统事件和设备状态，可在进行事件分析时使用。回放功能从主菜单中调出，在界面中输入需要回放的起止时间，重现特定时间范围内的界面显示，并在回放文本窗口里显示相匹配的已记录的文本信息（图3-8）。

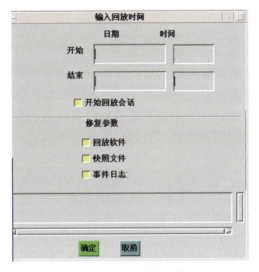

图3-8 数据回放操作界面

6. 设置标签

设置标签可以是行车人员在一个指定的设备上附加的重要信息，也可以是在所标的设备上追加控制禁止、报警禁止和设备停用限制。将鼠标移动到车站工作站的界面上，在信号机上单击右键，可找到设备标签菜单，如图3-9所示，单击菜单项"创建设备标签""查看设备标签""更改设备标签""删除设备标签"四个选项，即可完成标签的设置。

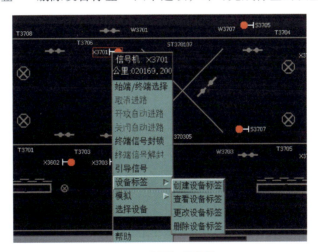

图3-9 设置标签菜单

二、车站ATS设备维护

车站ATS设备的维护主要分三种：每日巡视、定期检修以及备品备件管理。

1. 每日巡视检查

每日巡视的内容主要分区域进行。一级设备集中站不同于二级设备集中站和非设备集中站的内容，主要包括 ATS 分机巡视、ATS 接口单元巡视以及机柜中 KVM 切换器的巡视。除了设备的巡视外，巡视中还要记录设备间里的温度与湿度，以保证设备运行的环境绝对安全。巡视中还需要对维护工作站中的报警记录进行查看，及时发现影响运营的隐患，保证运营安全。

2. 定期检修

（1）定期检修内容　定期检修主要包括设备重启、磁盘空间检查、时间校准、线缆检查、日志下载、设备功能检查以及卫生清洁。车站 ATS 分机采用双机热备冗余的设计结构，在设备重启的检修中可以验证设备冗余的可靠性。设备功能的检修在平日运营中就可以完成，每日运营前设备集中站的值班员会对自己所管辖区域内的所有道岔、信号机、进路进行验证。

（2）定期检修管理　定期检修管理主要是对人的监督。对人的监督就是要检查信号维护人员的巡视检修是否到位。车站 ATS 系统每个终端都装有 VNC 远程登录软件，通过输入目标计算机的 IP 可以登录到 ATS 网络内的任意一台计算机上，通过此软件可以对维护人员的操作进行远程实时监督，检查巡视检修是否到位。另一种方法可以根据巡视检修记录表，查看系统回放检查巡视检修的真实性。

3. 车站 ATS 系统维护与检修

车站 ATS 系统设备在下列环境条件才能正常运行：

空气温度：室内 5~40℃，室外-40~55℃。

相对湿度：室内 10%~60%，室外 10%~100%。

大气压力：70~106kPa。

车站 ATS 系统维护与检修内容详见表 3-1。

表 3-1　车站 ATS 系统维护与检修内容

设备名称	维护级别	维护周期	维护内容
集中站车站工作站	日常维护	日	1）设备正面、背面各指示灯状态 2）用户访问登录 3）进程运行情况 4）网络连通情况
	二级维护	月	1）重启工作站 2）检查键盘、鼠标的功能并进行清洁
	二级维护	半年	1）设备表面清洁 2）检查主机外设插接件、紧固件螺钉 3）检查键盘及鼠标功能 4）检查散热风扇是否正常 5）电源及线缆检查 6）检查主机
	小修	年	1）设备内部板件清洁 2）设备内部部件紧固 3）系统数据、用户密码备份、更新
	中修	五年	1）更换 BIOS 电池 2）更换硬盘

(续)

设备名称	维护级别	维护周期	维护内容
终端服务器	日常维护	日	1）设备正面背面各指示灯状态（同中心服务器指示灯情况） 2）网络连通情况
	二级维护	季度	1）设备表面清洁 2）检查外设插接件、紧固件螺钉 3）检查散热风扇是否正常 4）电源及线缆检查
232/422 转换器	日常维护	日	1）设备正面背面各指示灯状态（同中心设备） 2）连通情况
	二级维护	年	1）设备表面清洁 2）检查外设插接件、紧固件螺钉 3）电源及线缆检查
转换器电源	日常维护	日	检查电源指示灯显示情况（同中心设备）
	二级维护	年	1）检查接地 2）检查插接线缆紧固情况
KVM 切换器	日常维护	日	检查显示器、鼠标、键盘的切换功能
	二级维护	年	检查各插接件的紧固情况
机架显示器	日常维护	日	1）检查机架显示器显示情况 2）检查切换后的情况
	二级维护	年	1）显示屏清洁 2）检查插接件紧固情况
SCC 服务器	日常维护	日	1）正面背面各指示灯状态（同中心设备） 2）用户访问登录软件 3）网络连通情况
	二级维护	半年	1）设备表面清洁 2）检查主机外设插接件、紧固件螺钉 3）检查键盘及鼠标功能 4）检查散热风扇是否正常 5）电源及线缆检查（特别是地板下电源）
	小修	年	1）设备内部板件清洁 2）设备内部部件紧固 3）系统数据、用户密码备份、更新
	中修	五年	1）更换 BIOS 电池 2）更换硬盘

(续)

设备名称	维护级别	维护周期	维护内容
ATS 机柜	日常维护	日	检查柜门的完好
	二级维护	月	1）机柜表面清洁 2）接地线连接情况检查
	小修	年	1）机柜配线标签、插接件检查与整理 2）机柜内清扫
KVM 延长器及其线缆	日常维护	日	检查鼠标键盘使用情况
	二级维护	月	1）检查延长器上各指示灯显示状态（同中心设备） 2）检查延长器上各插头的紧固情况

车站 ATS 工作服务器失灵后，被自动开关探测到，就会把控制权转交给备用服务器。由于 ATS 服务器是热备式，备用服务器掌握有关控制区内联锁和列车当前状态的全部信息，因此能够立即投入使用，为列车安排进路，并向控制中心汇报状态信息。

一个车站 ATS 中的两个服务器都有一个专用的联锁接口连通本地信号系统。当失灵的服务器重新启动后，它可以获得该区所有的信号信息，包括已占用轨道电路。在工作服务器和备用服务器之间没有更新机制。在运行的头几分钟内，备用服务器自动与工作服务器同步。

4. 备品备件管理

备品备件的管理主要包括备件存放位置以及备件库存量的管理。备件库存量的储备原则是每种设备至少库存一件，方便故障发生时能及时进行更换。因为车站 ATS 系统备件多为电子集成板件，长时间的储存可能会产生板卡损坏等问题，一旦出现故障需要更换类似板卡时，这样的设备备件不但无法及时消除故障，还给故障的判断带来了负面影响，增加故障处理时间，因此对于设备备品备件的定期检测管理也非常重要。

配套微课：车站 ATS 工作服务器故障的诊断检修

1）新备件入库前检测：对于新备件入库，包含新购入备件及返修件，需要在入库前进行上道检测，确认板件合格后方可入库。

2）入库备件定期检测：入库后的备件，根据安全库存的备件分级，制订相应的定期检测周期，重要备件一般设置季度检测、普通备件设置半年度检测、非重要备件设置年度检测或故障检测。

知识拓展

北京地铁 1 号线与八通线将实现跨线运营

北京地铁 1 号线与八通线将于 2021 年 8 月 29 日首班车起跨线运营，实现中心城区与城市副中心的双向无换乘直达，可大幅减少乘客的通行时间，提高通行效率，改善出行体验。

为保证项目的高质量交付，搭建了软硬件结合的 FIVP 仿真平台，用项目实际软件数据在实验室内进行了长达数月的仿真试验；同时充分利用每次夜间停运后 3 个多小时的时间进行现场验证；在北京地铁运营有限公司的统一组织下，更是在一个月内先后两次完成了 93 组车高密度（2min 间隔）压力测试。

1号线与八通线跨线运营后,四惠站和四惠东站将由始发站变为中间站,并由换乘站变为普通站。乘客无须在四惠站及四惠东站换乘即可从古城站至环球度假区站一趟直达,全程时间约为85min。为进一步提高运输效率,满足乘客出行需求,地铁公司新编制了1号线八通线跨线运行图,采取工作日早晚高峰期间实施大小交路套跑的运行方式,即大交路(列车在线路的两个终点站间运行)与小交路(列车在线路的某一区段内运行)共线运行。早高峰小交路为果园站至公主坟站,晚高峰小交路为古城站至果园站。早高峰期间最小行车间隔1分45秒,晚高峰最小行车间隔2分20秒。

资料来源:中国新闻网,2021年08月25日

【学习小结】

1. 车站级ATS设备主要包括正线设备集中站、正线非设备集中站、车辆段值班工作站、派班工作站和网络设备等。

2. 正线设备集中站ATS系统主要包括:主/备车站ATS分机、主/备车站ATS工作站、ATS机柜、网络交换机、发车指示器、光纤转换器、车站打印机。

3. 车站ATS分机能根据运行图或目的地触发列车自动进路。当控制中心ATS与车站ATS中断时,ATS分机能够按照预定的计划继续生成指令控制地面和车站设备。

4. 车站ATS服务器机柜中的设备包括主服务器设备、交换机、机架显示器和KVM切换器等;服务器设备包括主机服务器、通信服务器、接口服务器和终端服务器。

5. 正线非设备集中站一般不设ATS分机,用于监督集中站管辖范围内各车站的信号设备,执行本车站的扣车/终止扣车、提前发车的操作,控制发车计时器和旅客向导显示牌等。

6. 车站ATS进路控制包括自动排列进路、人工排列进路和取消基本进路。

7. 车站ATS道岔控制主要包括道岔单操、道岔单锁和道岔单解。

【知识巩固】

一、填空题

1. ATS分机负责与车站_____、_____设备进行接口,负责将联锁采集的信息,以及_____传递过来的列车位置、状态等信息传递到控制中心ATS系统。

2. 车站ATS系统根据正在使用的当天的_____和列车的_____信息,向旅客向导系统实时提供预测的计划列车到发信息和其他行车信息。

3. 车站ATS系统进路控制方式正常由中央计算机按指定运行图及列车位置自动生成控制命令,控制车站的_____和_____。

二、简答题

1. 请简述车站ATS系统设备有哪些控制功能,如何执行这些操作。
2. 请说出集中站ATS与非集中站ATS设备及功能分别有何区别。
3. 请简述车站ATS系统工作站日常维护内容与方法。

任务二　DCS 设备维护与检修

【任务描述】

DCS（数据通信系统，Data Communication System）为城市轨道交通构建连续双向的数据通信网络，是列车自动控制系统的子系统。当 DCS 网络发生故障时，可能导致现地工作站上无列车状态表示；ZC、CI 与邻站通信中断；该 DCS 范围列车实施紧急制动，CBTC 模式不可用，请求降为 RM 模式；同时准备进入该控区的列车停在边界处，请求降为 RM 模式才能通过。作为信号维修人员，发生以上故障时，该如何诊断故障并排除故障？在日常维护中，该如何对 DCS 进行维护呢？

【学习目标】

知识目标	技能目标	素养目标
1. 了解 DCS 在 ATC 系统中的连接方式 2. 掌握 DCS 网络安全机制	1. 能够对 DCS 进行周期性维护与检修 2. 能够对 DCS 故障进行故障诊断与排除	1. 培养建科学、严谨、细致、负责的职业素养及规范操作的意识 2. 培养学生的协调能力、沟通能力和情绪控制能力

【知识准备】

DCS 就是一组传输数据报文的载体，将数据从发送端转发到接收端。DCS 为 CBTC 系统专用通信网络，采用独立组网方式，不与外界网络发生直接关联。

一、DCS 功能与组成

DCS 从本质上说是一个封闭的局域网，包括有线通信网络和无线通信网络。按照网络功能，可以分为传输网、接入网及维护管理设备。DCS 采用交换机端口镜像的方案，使用数据记录服务器对在线设备的状态、故障事件、网络管理事件等重要事件进行实时记录，同时实时记录网络上所有收发数据包的内容和时间。

DCS 为系统中的 ZC、CI、ATP/ATO、ATS 等设备提供数据交互通道，完成子系统间的数据交互，其接口为以太网接口，可以实现任何子系统间的通信，也就是说和数据通信系统相连的任何两个间接电子件都可以相互通信，如图 3-10 所示。DCS 设备包括轨旁光纤骨干网、轨旁无线设备接入点、车载无线设备等。数据通信系统采用无线局域网 WLAN 技术，通过沿线设无线接入点（Access Point，AP）的方式实现列车与地面之间不间断的数据通信。

1. 有线通信网络

有线通信网络系统的各个部分通过冗余的光纤骨干网互相连接起来。DCS 骨干网由五个

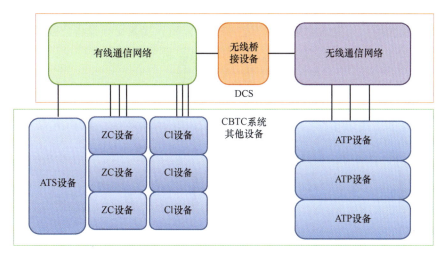

图 3-10　列车自动控制系统子系统 DCS 连接方式示意图

独立的网络组成，其中 ATC 网络为 2 个冗余备份的环网，TIAS 网络为 2 个冗余备份的环网，维护网为 1 个环网。骨干节点和骨干网接入交换机构成了轨旁网络的一部分，该轨旁网络通过光纤沿线路延伸，构成整个信号系统的有线网络系统，为控制中心、车站、轨旁、车辆段/停车场、试车线、培训中心和维修中心 CBTC 设备之间提供有线数据传输通道。DCS 有线通信设备应符合下列要求：

1）网络路由传输设备构建有线数据传输主干通道，网络架构应采用环形结构组网方式。

2）网络交换接入设备负责实现 CBTC 地面信号设备、车-地无线通信轨旁设备等接入 DCS 有线通信网络。

3）光电转换设备实现有线通信中光信号接口与电信号接口的转换。

4）光/电缆为有线通信网络数据信息的传输介质。

CBTC 系统的有线通信设备包括网络路由传输设备、网络交换接入设备、光电转换设备和光/电缆，DCS 为 CBTC 系统的其他子系统提供了数据通信功能，根据各个子系统间对数据通信质量需求的不同，在 DCS 内部进一步对有线通信网络进行了划分（包括无线通信网络的有线侧部分），分为安全地面网络、非安全地面网络、无线网络（有线侧）3 个网络，3 个网络之间实现完全物理隔离。

DCS 对安全关键的列控数据采用双路同时传输的冗余方案，这些数据仅在安全地面网络和无线网络中进行传输，如图 3-11 所示。每个传输的 IP 数据包均通过复制，拷贝到两个独立的网络中实现独立传输，这些数据包的传输同其他非安全数据包的传输实现完全隔离。CBTC 系统中 ZC 子系统、CBI 子系统和 ATP 子系统同 DCS 均采用双路连接，相同的数据包会被拷贝到 DCS 的两个完全独立的安全网络中进行传输，防止单网络失效对系统造成不利影响。

有线通信网由接入交换设备、核心交换设备和网络监控设备按一定的拓扑连接组成。

1）接入交换设备：接入交换设备放置于非集中车站，负责将非集中车站的设备数据汇总到集中站的核心交换设备上。接入交换设备使用带网络管理功能的二层交换机。

2）核心交换设备：核心交换设备放置于设备集中站，负责在各个数据集中站间和控制中心间交换数据。核心交换设备使用带网络管理功能的三层交换机。

3）网络监控设备：网络监控设备放置于控制中心，负责监测全网工作运行情况。网络监控设备采用带网络管理软件的服务器实现。

4）连接适配模块：连接适配模块用于连接光纤介质和接入交换设备以及核心交换设备。

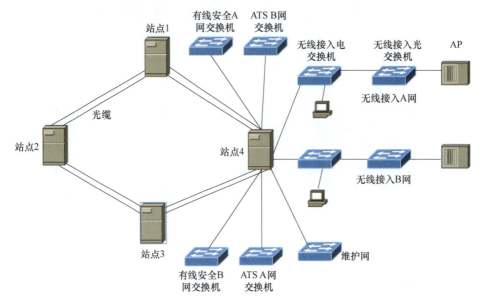

图 3-11　DCS 有线网络示意图

连接方式包括星形拓扑和环线拓扑结构。星形拓扑连接是各个设备集中站通过位于控制中心的交换设备相互交换数据，或各个车站内的设备和车站间的设备通过设备集中站的交换设备交换数据。环线拓扑连接是各个设备集中站和控制中心间采用两芯光缆组成环网，提供双向数据交换。各个交换设备间需要支持统一的环网交换协议，或各个车站内和车站间的设备同设备集中站间采用两芯光缆组成环网。

2. 无线通信网络

无线通信网络为列车与地面 CBTC 设备之间提供连续双向的无线数据传输通道。构建 DCS 车-地无线通信网络所需要的所有通信设备与配件，分为地面无线通信设备与车载无线通信设备。DCS 无线机柜与轨旁所有车-地通信的天线连接，将列车无线通信的信息进行汇总，主要包括 WLAN 无线通信设备（AP 与车载无线设备）、无线信号覆盖器件（天线、漏泄同轴电缆和漏隙波导管）和射频电缆。CBTC 的无线网络主要是列车与 ZC 之间的传输通道，AP 布置于轨旁，对轨道进行无线网络覆盖，将车-地通信的无线信号进行汇总。

DCS 车-地无线通信设备应符合下列要求：

1）AP 实现 WLAN 无线网络的覆盖和接入。

2）车载无线设备通过无线方式实现与轨旁 AP 的网络接入与数据传输，并通过有线以太网口与车载信号设备连接，建立车载设备和地面设备的无线传输通道。

3）无线信号覆盖器件进行无线信号覆盖，完成无线信号的接收与发送。

4）射频电缆为传输射频范围内电磁能量的传输介质。

无线通信网由通信节点、交换设备、天线和连接适配设备按一定的拓扑连接组成。节点设备按安装的位置和实现的功能不同分为车载节点设备和轨旁节点设备两大类。轨旁节点以一定间距部署在轨旁、车站内或者车辆段。车载节点安装在列车头部和尾部，如图 3-12 所示。

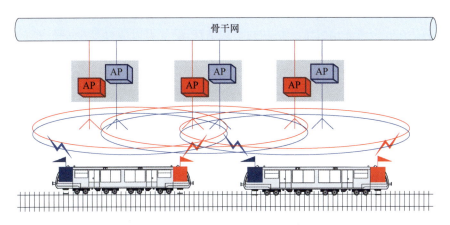

图 3-12　DCS 无线通信网络示意图

二、DCS 网络安全机制

单个无线网络的通信往往由于各种原因出现不同程度的衰落，因此不能保证很稳定的通信。为了给 CBTC 应用提供一个非常稳定的通信环境，通常需要对无线网络进行冗余。无线网络的冗余通过在相邻的两个车站间的 AP 按奇偶进行分组，分别由两个不同的设备集中站进行控制，基本结构如图 3-13 所示，轨旁 AP1、AP3、AP5 由设备集中站 A 的设备控制，轨旁 AP2、AP4、AP6 由设备集中站 B 的设备控制，当设备集中站 A 或设备集中站 B 的交换机损坏会导致一半的 AP 不能用，由于区间 AP 可以实现冗余覆盖，在一半 AP 损坏的情况下能够保证无线通信链路正常通信。

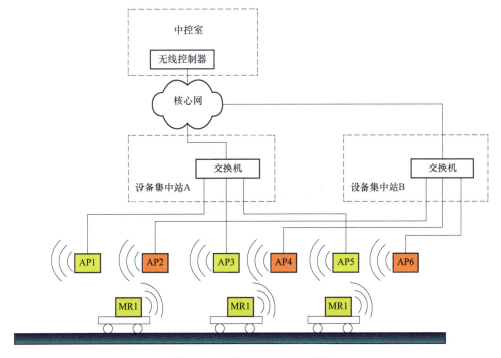

图 3-13　无线网设备冗余示意图

对于一套车载设备而言,具有多个可用的无线网络接入,不同的无线网络被分配到不同的通信信道上。在冗余覆盖情况下,每端的车载 ATP 设备可以通过至少一个独立的无线网同地面交换数据。当一个无线网出现通信中断的情况下,另一个无线网同时出现通信中断的概率可以通过几何位置的合理布置获得极大的降低。另一方面是采用天线分集,即一个 AP 同时连接两个不同安装位置的天线,其作用是增加天线的接收增益、减少接收机瞬时深度衰落的发生概率。天线分集的结构如图 3-14 所示。

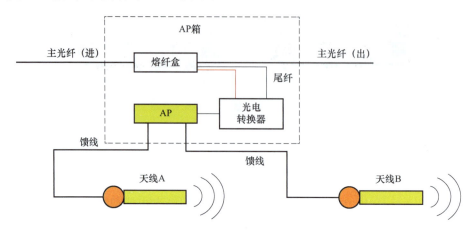

图 3-14 天线分集示意图

【实践技能】

一、DCS 设备维护

车载节点设备的接口根据列车运营安装的要求,提供以太网接口用于同车载交换设备的连接。轨旁节点设备的接口根据轨旁设备和 DCS 有线系统连接的要求,提供至少一个以太网接口用于同站间中继设备连接。交换设备为部署在各个设备集中站的交换机(图 3-15),交换设备通过星形方式连接各个轨旁中继设备。

图 3-15 H3C3610-28P 网络交换机

依据预防性维护计划,提前申请施工计划,进行设备维护工作是非常重要的,月检维护工作程序首先需要根据运营工程工作前安全交底会议工作指引有关要求,召集相关人员召开安全交底会议,并填写"运营工程工作前安全交底记录表"。

1)除尘:DCS 有线机柜及无线机柜内外除尘,使用麂皮及软毛刷清洁 KVM 显示器及键盘;使用防静电吸尘器对机柜内部进行除尘。

2)紧固:紧固机柜内外所有松动的螺栓。

3）电源电压测量：使用万用表测量机柜输入端电源电压，实测值为 AC 210~240V。

4）DCS 无线机柜 APM（应用性能管理）服务器病毒检查。

5）ODF（光纤配线架）面板检查：目测检查 ODF 面板，如图 3-16 所示。光纤连接可靠、无松动，光纤完好无损，光纤的标签完整、齐全。

图 3-16　ODF 面板

二、DCS 设备检修

DCS 设备检修包括以下内容：

1）DCS 交换机光纤及网线检查：DCS 交换机分为有线机柜 DCS 交换机和无线机柜 DCS 交换机。检查光纤及网线与交换机连接可靠、无松动，光纤及网线完好无损，光纤及网线的标签完整、齐全，螺钉紧固、无松动或丢失。

2）DCS 交换机端口检查：插有网线的交换机端口网络连接指示灯应为绿色常亮，若有数据交换，则应为绿色闪烁。DCS 无线机柜交换机网络连接指示灯如图 3-17 所示。

图 3-17　DCS 无线机柜交换机网络连接指示灯

3）交换机工作状态检查：交换机正常工作时，PWR 灯绿色常亮；Mode 灯绿色常亮，表示交换机端口工作在速率状态下；RPS 灯熄灭、Unit 七段数码显示窗口显示"c"，表示当前交换机为待加入集群的候选交换机，如图 3-18 所示。

4）交换机电源及风扇检查：检查左侧的电源插头插接牢固；检查风扇工作正常，用防静电吸尘器对风扇进行清洁；检查右侧的地线连接牢固，如图 3-19 所示。

图 3-18　交换机状态指示

图 3-19　交换机电源及风扇

5）光电转换模块检查：光电转换器用于轨旁 AP 同站间接入箱之间的连接以实现设备集中站内交换机之间的通信连接。检修时需要检查模块电源指示灯常亮绿灯；电信号口右下侧指示灯绿色闪烁，左下角指示灯常亮稳定绿色；光信号口的 LNK 灯常亮稳定绿色，ACT 指示灯绿色闪烁，如图 3-20 所示。

图 3-20　光电转换模块指示灯状态

具体参照表 3-2，对 DCS 设备进行维护与检修，并需参考 DCS 技术手册、工作指引，结合台账资料进行相应的检查，判断指示灯状态是否正常，如有异常在备注中说明，如需跟进处理则需写明对应跟进事项编号，并详细说明处理措施。

表 3-2　DCS 设备维护与检修指引表

位置	维护事项	检验结果
DCS 有线机柜 DCS 无线机柜	病毒检查	APM 服务器病毒检查
		NMS 工作站病毒检查
	紧固件紧固	紧固机柜内外所有松动螺栓
	机柜输入电源电压测量	电源电压实测值为 AC210~240V 间
	机柜除尘清扫	机柜内外干净无尘
		KVM 显示器及键盘清洁无尘
	设备重启	APM 工作站重启且软件工作正常
		NMS 工作站重启且软件工作正常
ATS\ATC\NMS 以太网交换机	ODF 面板	所有光纤连接可靠，无松动，安装正确
		所有光纤完好无损
		光纤标签完整、齐全
		未使用的端口使用胶塞封闭
	交换机连接	所有光纤/网线与交换机连接可靠，无松动，安装正确
		所有光纤/网线完好无损
		所有光纤/网线标签完整、齐全
		各部螺钉紧固，无松动或丢失
		插有光纤/网线的端口显示正常
		未使用的端口使用胶塞封闭
	交换机工作状态	PWR 灯绿色常亮
		Mode 灯绿色常亮
		RPS 灯熄灭
		Unit 七段数码显示窗口显示"c"
		电源插头应插接牢固
		风扇有风吹出，并对风扇进行清洁
		地线连接牢固

知识拓展

中国通号为冬奥会保驾护航

为确保北京冬奥会顺利圆满举办，中国通号全力做好冬奥会期间高铁和轨道交通运营保障服务，持续提升运输服务品质，为本届精彩、非凡、卓越的奥运盛会贡献了力量。

中国通号负责京张高铁隧道公网通信 5G 信号覆盖工程建设，通过优化方案、创新覆盖方式和工艺工法，实现了铁路全线 5G 信号全覆盖，优化客运服务、改善旅客出行体验，在高铁隧道场景下，开创了国内 5G 覆盖开通运营先河。通号创新隧道覆盖方式，采用"RRU 设备+漏泄电缆"和"RRU 设备+天线"相结合的 5G 创新覆盖方式。全线隧道 5G 覆盖采用无线高频信号，隧道内采用漏缆贯通的敷设方式，在隧道口设置场坪站用于挂设 RRU 和天线，以实现隧道与公网宏站间的切换。

中国通号成立冬奥会保障领导小组，全力协助北京地铁在"精准、有序、可控"的基础上，为公众提供更加安全、便捷、和谐、高效的交通出行保障。冬奥会期间，卡斯柯专业技术保障小组深扎一线，提供 7×24h 快速响应服务，技术骨干在重要站点现场值守，为在轨设备的安全稳定运行保驾护航。

资料来源：中国通号，2022 年 02 月 21 日

【学习小结】

1. DCS 为 CBTC 系统专用通信网络，采用独立组网方式，不与外界网络发生直接关联。DCS 为城市轨道交通构建连续双向的数据通信网络。

2. DCS 为系统中的 ZC、CI、ATP/ATO、ATS 等设备提供数据交互通道，DCS 设备包括轨旁光纤骨干网、轨旁无线设备接入点、车载无线设备等。

3. DCS 骨干网由五个独立的网络组成。骨干节点和骨干网接入交换机构成了轨旁网络的一部分，为控制中心、车站、轨旁、车辆段/停车场、试车线、培训中心和维修中心 CBTC 设备之间提供有线数据传输通道。

4. 无线通信网络为列车与地面 CBTC 设备之间提供连续双向的无线数据传输通道，将列车无线通信的信息进行汇总。对轨道进行无线网络覆盖，其覆盖范围包括正线车站、车辆段以及试车线。

5. 为了提高有线通信网的可靠性，采取改变拓扑结构的方式获得可靠性结构的提升。核心网的星形拓扑可以通过控制中心设置冗余的两套交换设备，也可以在各个设备集中站和控制中心都设置冗余的两套交换设备。

6. 对于一套车载设备而言，具有多个可用的无线网络接入，每端的车载 ATP 设备可以通过至少一个独立的无线网同地面交换数据。

【知识巩固】

一、填空题

1. DCS 从本质上说是一个封闭的局域网，包括有线通信网络和无线通信网络。按照网络功能，可以分为_____、_____及_____设备。

2. ATS 子系统与 ZC 子系统通过非安排地面网络进行互联；ZC 子系统与车载 ATP 子系统通过_____网络进行互联。

3. 构建 DCS 车-地无线通信网络所需要的所有通信设备与配件，分为_____设备与_____设备，DCS 无线机柜与轨旁所有车-地通信的天线连接，将列车无线通信的信息进行汇总。

二、简答题

1. 请画出 DCS 有线通信网络和无线通信网络与 CBTC 系统设备的连接方式。

2. 请说明 CBTC 系统对无线通信有哪些要求。
3. 请简述 DCS 设备维修的注意事项。

任务三　ZC 设备维护

【任务描述】

列车自动控制系统将一条线路分为若干个控制区域，ZC 为其控制范围内的通信列车计算生成移动授权，保证其控制区域内通信列车的安全运行。ZC 故障可能导致管辖区域所有列车突发信号故障，该区域内列车全部紧急制动，ATS 无列车逻辑区段占用显示，该区域所有列车失去 CBTC 级别运行能力，无法生成移动授权 MA。作为信号技术人员，将如何诊断 ZC 设备故障？需要如何修复 ZC 故障呢？

【学习目标】

知识目标	技能目标	素养目标
1. 了解 ZC 子系统移动授权生成的基本过程 2. 了解 ZC 子系统列车位置管理、响应中心指令、列车移交功能	1. 能够绘制 ZC 子系统与外部的接口关系图 2. 能够正确识别 ZC 主机设备及其状态，会对 ZC 主机进行维护与检修	1. 激发学生的学习兴趣，培养自主学习、总结提炼的学习技能 2. 通过课程内容传授，培养学生的专业思维模式

【知识准备】

区域控制器（Zone Controller，ZC）是 CBTC 系统中 ATP 子系统的轨旁部分，通常又被称为地面 ATP 设备，它是 CBTC 系统中的地面核心控制设备，是车-地信息处理的枢纽。

ZC 子系统主要负责根据通信列车所汇报的位置信息以及联锁所排列的进路和轨旁设备提供的轨道占用/空闲信息，为其控制范围内的通信列车计算生成移动授权，保证其控制区域内通信列车的安全运行，并具备在各种列车控制等级和驾驶模式下进行列车管理的能力。

1. ZC 控车过程

列车自动控制系统将一条线路分为若干个控制区域，每个控制区域由一个 ZC 负责，该 ZC 主要负责为其控制范围内的通信列车计算生成移动授权，为管辖范围内的列车提供移动授权是 ZC 的核心任务。

ZC 需要实时地与车载 ATP、DSU、CI 及 ATS 子系统进行信息交互，为 MA 的生成提供数据支持。当列车在 ZC 管辖范围内按运行时刻表正常运行时，ZC 接收列车发出的当前位置和运行方向等信息，并使用以上列车信息结合来自 CI 的周围障碍物状态信息确定列车的 MA，ZC 将由 CI 获取的列车移动授权范围内的障碍物状态发给车载 ATP。

ZC 需要对所有在其管辖范围内的列车进行管理和控制，根据列车的运行状态，可以将整个管理和控制过程分为列车注册、ZC 正式控车和列车注销三个过程。

（1）**列车注册** 列车在上电或者出车辆段时，以 RM（限制人工驾驶模式，Restricted Train Operating Mode）模式运行，当列车即将进入 ZC 区域边界时，车载 ATP 通过 DCS 子系统向 ZC 发送当前列车位置和运行方向，并发出进入该区域控制器的受控申请，此时 ZC 将该列车信息插入列车管理队列中。

（2）**正式控车** ZC 与车载 ATP 建立链接并保持通信后，向 CI 汇报列车位置信息，为列车请求进路，进路排通后，ZC 为列车计算 MA，则该列车成为该区域控制器正式管理的列车，保证列车正常运行。

（3）**列车注销** 当列车即将出清区域控制器控制区域或者列车将返回到车辆段时，列车处于注销状态。整个注销过程中，区域控制器需要首先清空该列车的数据信息，将列车信息从列车管理队列中删除，表示不再管辖该列车。列车脱离 CBTC 区域后以 RM 模式运行。

2. ZC 子系统功能

（1）**ZC 自检与诊断** ZC 子系统启动后应进行设备完整性自检，且在自检失败的情况下禁止设备投入运行。自检内容包括安全平台自检和应用软件自检。ZC 应向维护设备输出所有交互事件和系统状态，包括平台运行状态、软件运行状态、接口交互数据、关键控制数据和报警数据等。

（2）**车载连接** 在符合功能要求的前提下，ZC 子系统应能接受存在于配置列表中车载的安全连接建立请求，并在整个通信会话期间，维持该安全连接，直到车载安全连接释放或 ZC 判断通信超时后删除安全连接。ZC 子系统需能接受列车的注册请求，并在注册过程中校验 ZC 和车载信息是否匹配，如果一致性检查通过，则 ZC 接受列车注册，否则拒绝列车注册。ZC 子系统还需能接受列车的注销请求，并在特殊情况下（如 ZC 判断列车降级或车载子系统未按照系统要求发送注销请求的情况），ZC 子系统也能够主动发送注销请求。

（3）**列车安全包络管理** 列车实际的行驶位置是由车载 ATP 通过车载速度传感器、多普勒雷达结合绝对位置信标（应答器等）实现的，列车位置信息通过无线网络传输给 ZC。但这个位置信息只是告知列车实际所处的位置，而 ZC 通过车载 ATP 提供的列车速度、传输延时、CI 提供的进路情况、前方障碍物等信息会计算得出一个列车的安全位置，这个位置不是一个点，而是一个包含整个列车长度在内，由最大安全前端及最小安全后端组成的列车安全包络，如图 3-21 所示。列车安全包络也就是列车在 ATC 系统中显示的占用区段，任何列车都无法进入这个安全位置。

（4）**ZC 移交功能** ZC 子系统应能确保列车在通过 ZC 移交边界时，获得移动授权的一致性，ZC 与相邻的 ZC 之间的控制区域包括重叠区域，不能因 ZC 与 ZC 移交移动授权的因素导致列车速度降低。在指定区域（ZC 移交区域）对列车进行交接，即当列车将要从一个 ZC 区域进入另一个 ZC 区域时，这两个 ZC 需要对列车控制权限进行交接，如图 3-22 所示。

（5）**信号机强制命令** 在正常的 CBTC 模式下，整个线路处于不点灯状态即信号机不亮，司机根据车载信号系统提供的目标速度行车。当系统处于降级模式，或者在接近区段的列车是非通信列车时信号灯点亮，司机根据线路提供的信号灯信息行车，而 ZC 则通过强制命令控制信号机的亮灭灯状态。

（6）**响应中心指令功能** ZC 子系统接受来自 ATS 的临时限速命令后，向相关列车发送临时限速信息，并保证临时限速的设置不会导致列车紧急制动，并对来自 ATS 的临时限速命令进行执行状况反馈。

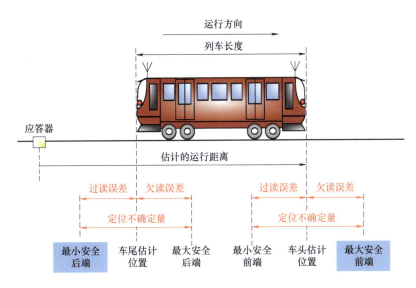

图 3-21　列车安全包络示意图

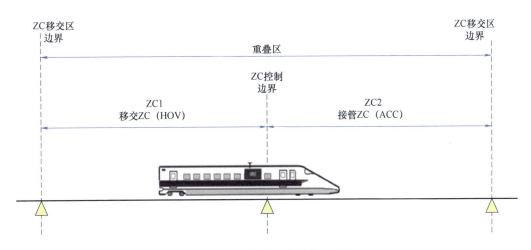

图 3-22　ZC 管辖区域划分示意图

3. ZC 外部接口关系

当受控列车在区域内正常运行时，车载 ATP 将列车的位置与运行方向发送给 ZC，而 ZC 使用列车当前位置、行驶方向、进路以及周围线路的当前状态来决定每列车的 MA。ZC 通过无线通信设备向车载 ATP 传达列车的 MA。在系统运行过程中，ZC 实时地与车载 ATP、CI、ATS 设备进行信息交互，如图 3-23 所示。

4. ZC 设备硬件组成

ZC 设备大多使用基于 2 乘 2 取 2 安全冗余设计安全平台，通过硬件冗余结构提高设备可靠性，符合故障—安全原则。ZC 机柜如图 3-24 所示。

ZC 主机各板卡如图 3-25 所示，ZC 子系统要求信号电源屏经隔离变压器单独提供一路单相交流 220V 电源。从电源屏接入的 220V 电源送到 ZC 机柜的安全电源板，经过柜内 UPS 后向系统设备供电，分别提供 AC220V 和 DC24V 电源。

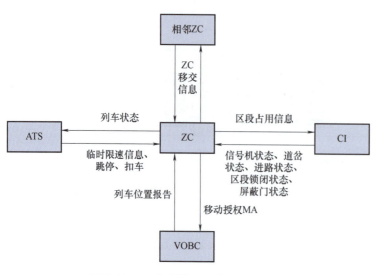

图 3-23　ZC 与其他子系统连接示意图

配套微课：ZC 移动授权的生成

图 3-24　ZC 机柜

ZC 逻辑板是 ZC 子系统的核心，负责根据联锁进路和区段状态、ATS 临时限速命令和车载设备提供的列车状态、位置报告信息，实时生成列车移动授权等控制信息。ZC 单系逻辑板由两个故障安全处理单元 A 和 B 构成，只有当两个故障安全处理单元的处理结果相同时，系统才认为结果正确，否则将导向安全侧。ZC 双系为主备工作方式，在运行中，备系与主系保持同步，如果其中一系发生故障，按故障程度不同降级为待机或退出运行，另一系自动升为主系，维持系统控制功能。

ZC 通信板用于承载网络通信。以太网通信板负责承载与车载的通信功能、与地面安全数据网的通信功能以及与 ATS 数据网通信功能。

图 3-25　ZC 各板卡图例

配套微课：ZC 硬件
设备认知

配套微课：ZC 主板
拆装标准作业

【实践技能】

对 ZC 设备的维护需遵循维护记录表中规定的维护项目以及维护周期，例如有厂家对月检的规定是最大提前或最大延期为 5 天，对季检时间要求最大提前或最大延期为 10 天。在维护过程中务必遵循安全措施，做好人员防护。在工作指引中均会设置安全措施工作指引，对维护过程中的潜在危险进行说明，例如对 ZC 设备的维护过程中，需要在维护时佩戴绝缘手套防止触电。

对设备维护前，需熟悉维护计划的内容，提前提出申请施工计划才能开展设备维护工作。对于正线或场段分别遵循不同的规定，取得授权后才能进行维护施工。工作前通过安全交底会议明确有关要求，并填写相关维护登记记录表。按照要求开展设备维护工作，维护内容包括设备的外观检查、设备清扫除尘、设备线缆的固定、模块工作状态的检查、日志数据的检查以及对设备的倒切等。维护完毕后，填写维护记录表（表3-3）。

表 3-3　ZC 设备季检维护记录表

维护日期			第一季度	第二季度	第三季度	第四季度
工单编号						
维护人员						
维护内容		维护记录				
MU 设备除尘		MU 外表干净无灰土				
		对 MU 过滤网进行清洁				
MU 硬盘清理和磁盘整理		确保 D 盘有 100G 以上的容量				
		运行"磁盘碎片整理程序"对 D 盘进行整理				
A、B 系倒切		倒切前主系名称				
		按压备系工作按钮保持 1~2s				
		倒切后主系名称				
备注						

1. ZC 机柜的清洁和外观检查

1）设备外观和安装检查：检查 ZC 设备，确保其外观良好，无污损、灼伤痕迹，各子架、板卡、模块安装牢固，固定螺栓固定良好。

2）除尘清扫：检查 ZC 设备，对各子架、板卡、机柜外部进行清洁，确保无尘土。

3）设备线缆连接和固定检查：检查 ZC 设备各板卡/模块的线缆（包括地线）状态，确认线缆无损伤。

2. 防雷和断路器的检查（图 3-26）

1）断路器：检查断路器是否处于正常闭合状态。

2）防雷模块：检查防雷模块指示灯有无跳白现象。

空开在闭合位置

图 3-26　ZC 断路器与防雷模块

3. A、B 系倒切

操作板（图 3-27）上按"A 系工作""B 系工作"按钮，进行倒机切换检查。

4. ZCM 磁盘整理

在 ZCM 的 KVM 上面，使用 WINDOWS 系统自带的磁盘碎片整理

配套微课：区域列车运行降级故障的诊断检修

项目三 车站列车自动控制系统维护与检修

程序对硬盘进行磁盘整理。在磁盘碎片整理程序单击"碎片整理",完成后关闭整理程序即可。

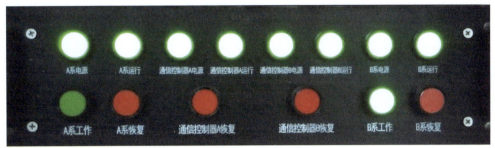

图 3-27　ZC 主机操作面板

 知识拓展

移动闭塞技术实现关键领域突破——智慧城轨"加速跑"

日前,交控科技宣布自主创新移动闭塞系统首次应用到重载铁路领域,实现列控系统关键领域技术突破,引来业内高度关注。通过智能化手段可让城市轨道交通向定制化服务方向进行探索,如闲时提供城市货运等特定业务,也将促使城市轨道交通创造新的价值,进一步提升线路利用率。

城市轨道交通不再单单以发展地铁为主,呈现多元化发展态势,并开始注重轨道交通与城市环境的协调发展。如今,城市轨道交通节奏明显加快,智慧城轨系统成为趋势。智慧城轨的关键在于数据的共享与综合应用。"互联+轨道交通"的深度融合趋势,云计算、大数据、物联网等新技术正将城轨交通推向安全高效的自动化与智能化运行轨道,更好地惠及民生福祉并推动经济社会的发展进步。城轨交通变得更加智慧、便利、高效。

智能化手段不断将 5G+AICDE 等新技术运用到轨道交通领域,为行业赋能,助力行业向着信息化、数字化、智能化、智慧化发展。

资料来源:人民网,2021 年 07 月 19 日

【学习小结】

1. ZC 子系统是 CBTC 系统中的地面核心控制设备,是车-地信息处理的枢纽,保证其控制区域内通信列车的安全运行,并具备在各种列车控制等级和驾驶模式下进行列车管理的能力。

2. ZC 子系统根据通信列车所汇报的位置信息以及联锁所排列的进路和轨旁设备提供的轨道占用/空闲信息,为其控制范围内的通信列车计算生成移动授权。

3. ZC 子系统启动后应进行设备完整性自检,自检内容包括安全平台自检和应用软件自检。ZC 应向维护设备输出所有交互事件和系统状态。

4. ZC 通过车载 ATP 提供的列车速度、传输延时,CI 提供的进路情况、前方障碍物等信息会计算得出一个列车的安全位置,这个位置是由最大安全前端及最小安全后端组成的列车安全包络。

5. 车载 ATP 将列车的位置与运行方向发送给 ZC,而 ZC 使用列车当前位置、行驶方向、进路

以及周围线路的当前状态来决定每列车的 MA。ZC 通过无线通信设备向车载 ATP 传达列车的 MA。

6. ZC 单系逻辑板由两个故障安全处理单元 A 和 B 构成，只有当两个故障安全处理单元的处理结果相同时，系统才认为结果正确。ZC 双系为主备工作方式，如果其中一系发生故障，另一系自动升为主系。

【知识巩固】

一、填空题

1. ZC 需要对所有在其管辖范围内的列车进行管理和控制，根据列车的运行状态，可以将整个管理和控制过程分为_____、_____和_____三个过程。
2. 当列车将要从一个 ZC 区域进入另一个 ZC 区域时，这两个 ZC 需要对列车控制权限进行交接，称为_____。
3. ZC 子系统接受来自 ATS 的_____后，向相关列车发送临时限速信息，并保证临时限速的设置不会导致列车_____，并对来自 ATS 的临时限速命令进行执行状况反馈。

二、简答题

1. 请简述 ZC 子系统的控车流程。
2. 请详细说出至少 3 个 ZC 子系统的功能原理。
3. 请列举 ZC 子系统的季检维护事项。

任务四　电源设备维护

【任务描述】

城市轨道交通信号电源子系统是保证信号系统安全稳定持续运行的关键设备。当集中站电源子系统发生故障时，故障控区信号机强制点亮，集中站设备全部无电，该集中站整个控区无列车状态显示、无信号设备状态显示。作为信号技术人员，将如何诊断信号电源设备故障？如何修复信号电源故障呢？

【学习目标】

知识目标	技能目标	素养目标
1. 能够正确认知信号电源屏的结构、功能及工作原理 2. 掌握 UPS 正常供电及旁路工作的供电过程	1. 掌握信号电源屏的维护内容与维护标准，能够对信号电源屏进行维护检修 2. 掌握 UPS 的应用要求及技术参数，能够对 UPS 进行设备维护 3. 能够正确安装、使用蓄电池，并对蓄电池进行维护	1. 培养学生爱岗敬业的职业品质 2. 提升学生的职业技能、实操能力、劳动素养和专业素养

项目三 车站列车自动控制系统维护与检修

【知识准备】

城市轨道交通信号电源子系统为信号设备提供优质、稳定且强大的供电保障。随着信号设备的现代化和智能化发展,信号电源子系统由传统工频技术的信号电源屏逐步发展到现在的信号智能电源屏以及不间断电源(Uninterruptible Power Supply,UPS)。

一、信号电源屏

信号电源屏向地铁线路的正线、控制中心、车辆段及试车线的所有信号系统设备(含信号机、电动转辙机、DCS轨旁设备、计轴设备、设备室内的区域控制器、DCS设备、继电器和联锁设备等)提供稳定可靠的交、直流电源。

模块化信号电源屏能够根据不同的用电要求,通过选配不同的高频开关电源模块,实现智能化供电。信号电源屏结构如图3-28所示。

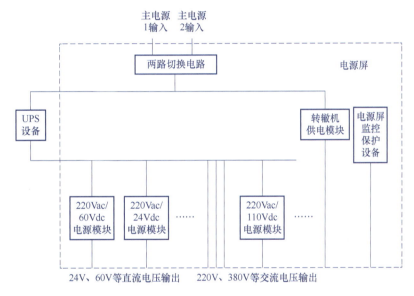

图 3-28 信号电源屏结构

1. 信号电源屏功能要求

(1)**高可靠性** 所有元器件均降额使用,延长使用寿命;电源模块采用备份方式,以确保系统的高可靠性。

(2)**适应性强** 能够在较大温度范围内正常工作,例如:-5~50℃时,在没有空调的房间能可靠正常运行。较宽的允许工作电压范围,如:AC380/220V±25%,特别适用于电网电压不稳定的电化区段。电磁兼容性好,不影响其他电子设备的正常使用。

(3)**可维护性好** 能够故障定位并显示故障信息,除集中液晶显示外,所有电源模块均设有电压、电流、频率、相位数字显示装置。电源模块可实现热机插拔,在线维护简单快捷,输入配电和输出配电采用抽屉式插框方式,维护方便。

(4)**完善的自我保护** 包括输入过/欠电压保护,输出过电压/限流/短路保护,完善的雷击防护措施,模块过温保护等。

（5）**绿色环保** 要求单个电源模块效率要大于90%，整机系统效率要大于80%。所有电源模块功率因数超过0.9，尽量减少前级供电系统的无功损耗，降低投资费用，减少运营成本。低噪声方面，要求采用新的电子技术或产品，避免工频噪声和风扇运转噪声。需要避免模块内部高次谐波对外电网的污染，电磁兼容性好。

2. 信号电源屏工作原理

信号电源屏组成按功能主要包括配电、模块、防雷、监测等部分。电源屏由外电网输入两路市电，经输入配电后进入电源模块进行稳压及变换处理，处理后的电压再经过适当的转换变换为能直接为信号设备供电的洁净电源，通过输出端子为负载供电。在系统工作过程中，监测模块始终对系统各参数进行监控，如有异常即发出警报。当发生雷电危害时，防雷单元泄放过大的电流，保护电源设备。按其工作过程分为系统输入、模块变换、系统输出三部分。

（1）**系统输入** 系统输入采用两路市电供电、三相五线制及Y型切换系统。为保证电源屏可靠供电，铁路行业规定电源屏输入必须是两路市电供电，每一路市电都应当为三相交流电，Y型切换方式即为两路市电选择其中满足供电要求的一路市电供电。

（2）**模块变换** 电源模块变换基于DSP控制技术，采用DSP芯片调节输出，避免模块内部电子元器件自身带来的温漂、时漂从而导致输出的变化。模块的工作方式为1+1备份方式，两台模块通过模块内的互锁保证只有一台模块输出，模块采用无主切换方式，两台模块可自动切换。

（3）**系统输出**（图3-29） 系统输出主要通过输出空开、输出端子将经过模块变换、稳压、隔离的电源输出电源屏，给负载设备进行供电。输出检测及防雷主要是通过空开检测板、漏电检测板、输出防雷板对输出的电源进行检测并实时上传到监控单元，并通过监控单元实现自动报警的功能。

a) 输出空开

b) 输出端子

c) 空开检测板

d) 漏电检测板

e) 输出防雷板

图3-29 系统输出设备

二、信号 UPS

1. UPS 的工作原理

UPS 是一种含有储能装置、以逆变器为主要组成部分的恒压恒频不间断电源。当市电输入正常时，UPS 将市电稳压后供应给负载使用，此时的 UPS 就是一台交流稳压器，同时它还向蓄电池充电；当市电中断时，UPS 立即将蓄电池的电能通过逆变转换向负载持续供电，使得负载维持正常工作并保护负载软、硬件不受损坏。当需要对 UPS 及蓄电池等进行检修或者设备发生故障需维护时，需要将负载转向维修旁路进行直接供电，实现对 UPS 的不停电维护。UPS 的工作原理如图 3-30 所示。

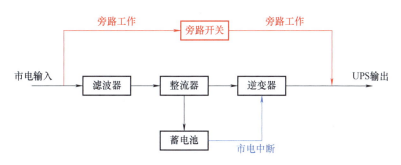

图 3-30　UPS 的工作原理

在城市轨道交通信号系统中，UPS 主要确保信号系统在瞬间停电或两路电源切换过程中能够正常工作；在外电网两路电源供电中断情况下，UPS 电源子系统能够保持信号系统在一定时间内正常工作，调度员能够在这段时间内通过列车调度控制设备将列车指挥运营到安全区域，存储重要运营数据，为下次来电尽快复原创造条件，不致造成系统内部运营数据瞬间丢失使运营混乱。

由于信号系统的重要性，因此信号系统的 UPS 会冗余设计，如图 3-31 所示。信号设备 A 类表示能双路输入，一般为直流负载；信号设备 B 类表示不能双路输入，一般为交流负载。当其中任意一个 UPS 出现故障时，系统都能自动无缝切换到另外一台 UPS 给设备供电，保障信号设备供电的延续性。

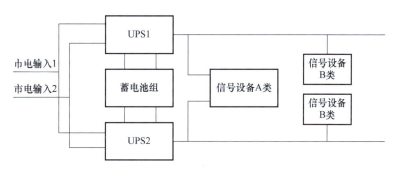

图 3-31　UPS 冗余设计

2. UPS 的应用要求

由于城市轨道交通线路运营的特殊性，其信号系统的 UPS 的应用要求如下：

（1）**可靠性高**　能够在瞬间停电或两路切换过程中，确保信号系统正常工作。

（2）**安全性高** 能够保证信号系统设备在供电中断的情况下，一定时间内稳定、可靠运行。

（3）**高效环保** 电源质量优、整机效率高、能源消耗低，能够消除"电源污染"，改善电源质量，避免污染电力环境。

（4）**可扩展性** 便于近、远端管理，有标准的通信接口及开放的通信协议。

3. UPS 配置方案

常用的信号系统 UPS 电源配置方案主要包括完全独立设置 UPS 和集中设置 UPS，这两种方案各有优缺点，详见表 3-4。

配套微课：认识信号电源

表 3-4 常用信号系统 UPS 电源配置方案比较

进行比较 配置方案	方案内容	优点	不足
完全独立设置 UPS 电源及蓄电池	信号系统 UPS 电源完全独立，专为信号系统提供不间断电源	完全满足 UPS 电源高可用性、高可靠性的要求	单独招标，往往与其他系统的 UPS 产品型号不统一，不便于统一维护和管理
集中设置 UPS	各弱电系统的 UPS 有效整合，有利于电源子系统的硬件整合和集中布置	结构紧凑，便于维护、降低成本、提高利用率	UPS 的容量大幅增加，必须通过冗余配置来提高系统可靠性

【实践技能】

一、信号电源屏维护

信号电源屏维护内容及质量标准见表 3-5。

表 3-5 信号电源屏维护

步骤	项目	维护内容及质量标准
1	联系登记	按相关规定要求办理检修登记，主管人员同意并签字后方可开始工作
2	电源屏背面的清扫检查	1) 内外清扫，各部清洁无灰尘 2) 各种器材元件无异状，无过热；交流接触器、继电器、变压器、参数稳压器无过大噪声 3) 配线排列整齐、无破损，各部端子不松动，压紧螺母垫圈齐全，线头无伤痕，焊点焊接良好，无毛刺、无混电可能 4) 机壳保护地线接触良好
3	电源屏前面的清扫检查	1) 内外清扫，各部清洁无灰尘 2) 手柄、闸刀、按钮、显示灯作用良好，接点不发热、不烧损，显示灯显示正确 3) 插头焊接良好，配线无破皮、无混线可能 4) 各部端子无松动，压紧螺母垫圈齐全 5) 仪表完整无损，显示正确

（续）

步骤	项目	维护内容及质量标准
4	试验	1）调压屏：自动电压调整器作用良好，用手动方式，按升压按钮，当输出电压增（420±5）V时，过电压保护装置应及时动作，切断升压回路，但不应造成停电。电机制动电路作用良好 2）交直流屏：主副屏倒机试验，输出电源的断电监视装置、各屏内显示和声光报警装置均应正常工作 3）转换屏：两路电源切换试验正常
5	测试记录	1）交流输入电压 2）两路电源相序测试检查应一致 3）交流输入电流，以本屏仪表实际正常运用情况下读数为准 4）各种电源输出电压：直流220V应在210~240V；直流24V应稳定在23.5~27.5V 5）闪光电源的频率应为90~120次/min 6）各回路对地绝缘电阻符合维护规定 7）填写测试记录
6	清扫检查电缆地沟	检查各种线缆无鼠咬、无破损，同时清扫干净；地沟盖板严密，引入、引出孔状态良好
7	消记	检修结束，会同主管负责人确认良好，按要求办理消记手续，经主管负责人签字后方可离开

二、信号 UPS 维护

（1） UPS 蓄电池的维护　为提高利用率、降低维护成本、延长使用寿命，对蓄电池的维护检查是 UPS 电源子系统维护的主要部分，UPS 蓄电池主要的维护内容如下：

1) 定期检查蓄电池清洁状况，主要有：单体蓄电池两端的电压与蓄电池温度，蓄电池之间连接处有无松动、腐蚀现象，压降是否符合要求，蓄电池外壳是否完好、有无外壳变形和渗漏，极柱、安全阀周围是否有酸雾逸出。

2) UPS 电源子系统使用的阀控式密封蓄电池，长期处于浮充电状态，为提高电池使用寿命，UPS 蓄电池应每季做一次核对性放电试验，放电时间可根据蓄电池的容量和负载大小确定，一般放出额定容量的 30%~40%；对于单体 2V 的蓄电池，每三年做一次容量试验；使用六年后，应每年做一次容量试验；对于单体 6V 及 12V 的蓄电池，应每年做一次容量试验。一次全负荷放电完毕后，按规定再充电 8h 以上。

3) 如 UPS 电源子系统可提供详尽数据的，蓄电池每季进行参数自检并记录，以此作为蓄电池状态的定性参考依据。

（2） UPS 主机的维护　UPS 主机是整个 UPS 电源子系统的心脏，需要加强对 UPS 电源主机的维护。

1) 定期检查各种自动告警和自动保护功能，均应正常；定期检查设备工作和故障指示是否正常。

2) 定期进行 UPS 电源子系统各项功能测试，检查其逆变器、整流器的启停、UPS 与市电的切换等是否工作正常。

3) 定期查看 UPS 主机内部的元器件的外观是否正常，发现异常现象应查明原因及时处理。

4) 定期检查 UPS 各主要模块和风扇电动机的运行温度有无异常，保持机器清洁，定期清洁散热风口、风扇及滤网。

5）定期检查主机、蓄电池组、配电部分引线及接线端子的接触情况，检查馈电母线、电缆及软插头等各连接部位的连接是否可靠，并测量其压降和温升是否符合要求。

三、蓄电池的使用

1. 蓄电池的安装

（1）安装方式 对于一些电源机房比较宽敞的场合，可以将蓄电池分成单列、双列或几列排放在地面上连接安装；对于一些机房比较紧凑的场合，可采用蓄电池柜安装，在既能减少蓄电池占地空间，又便于适应不同组合电压的安装排列，可采用蓄电池架安装。

（2）安放位置 放置蓄电池的地面应有足够的承载能力，当蓄电池布置在楼板上时，应满足荷重要求，蓄电池可布置在单独的蓄电池室内，也可将蓄电池布置在交流或直流配电室内。

蓄电池室应有必要的通风设施，蓄电池应避免阳光直射，不能置于大量放射性红外线辐射、紫外线辐射、有机溶剂气体和腐蚀气体的环境中，蓄电池应离开热源和易产生火花的地方，且安全距离应大于1m。

蓄电池应有经常照明和事故照明，其照明器具应布置在走道左方。

2. 蓄电池的使用

影响蓄电池使用寿命的因素主要有环境温度、过电压充电、过度放电、长期浮充电等。因此，蓄电池使用时应注意以下问题：

（1）防止过放电 蓄电池放电到终止电压后，继续放电称为过放电，蓄电池放电到终止电压时内阻较大，电解液浓度非常稀薄，特别是极板孔内及表面几乎处于中性。过放电时内阻有发热倾向，体积膨胀，放电电流较大时，明显发热（甚至出现发热变形），存在枝晶体短路的可能性增大，易形成不可逆硫酸盐化，将进一步增大内阻，充电恢复能力很差，甚至无法修复。蓄电池使用时应防止过放电，采取"欠电压保护"是很有效的措施。

（2）避免过充电 过充电会加大蓄电池的水损失，会加速板栅腐蚀，活性物质软化，会增加蓄电池变形的可能，应尽量避免过充电的发生。不要将蓄电池置于过热环境中，特别是充电时应远离热源。蓄电池受热后要采取降温措施，待蓄电池温度恢复正常时方可进行充电。蓄电池的安装位置应尽可能保证良好散热，发现过热时应停止充电，应对充电器和蓄电池进行检查。

（3）防止连接松动和不牢 若接触不牢，程度较轻，会发生导电不良，使其线路接触部位发热，线路损耗较大，输出电压偏低；若在接线端子部件接触不牢，端子会大量发热，易发生漏液现象。

（4）尽量避免新旧蓄电池混用 当新旧蓄电池串联在一起充电时，旧蓄电池内阻大、分压较大，新蓄电池内阻小、分压较小，容易使某些蓄电池长时间处于过电压充电或欠电压充电的情况，进而导致蓄电池容量下降、使用寿命缩短。

3. 蓄电池的检修

（1）蓄电池出现爬酸及极柱受腐蚀

1）原因：对于成组使用的蓄电池，维护中时常发现有些蓄电池使用时间并不长，但爬酸现象较多。有的爬酸现象出现在蓄电池的盖与壳体的连接处，有的出现在极柱与盖的连接处，有的出现在蓄电池的阀体与盖的连接处。产生爬酸的原因有：蓄电池盖与壳体、阀体与盖之间的热封或胶封不严或开裂；极柱与密封胶的粘接处受到腐蚀；蓄电池生产时灌酸过多，开阀后气体将液体带出等。

2）维护措施：对于极柱受腐蚀，只要彻底清理被腐蚀极柱的表面，拧紧固定连接条的螺钉（但用力不能过大，以免螺钉溢扣），再涂抹上一些凡士林即可。如果由于热封或胶封不严、开裂引起的爬酸，一般需要更换；如果因为灌酸过多，随着蓄电池的使用，这种现象将逐渐消失。

（2）蓄电池出现漏液

1）原因：目前蓄电池外壳一般采用 ABS 和 PP 两种材料，虽然 ABS 材料的强度较好，但也会因为材料本身的原因、蓄电池搬运的磕碰、安装时基座坚硬物体损伤蓄电池底部等造成漏液。

2）维护措施：发现漏液蓄电池必须及早采取措施，如果壳体四周有轻微漏液可以采取与壳体材料相同的材料进行粘补，然后将此蓄电池四周紧箍起来；如果壳体四周漏液较多或壳体底部漏液，必须及早更换。

（3）蓄电池出现壳体膨胀鼓肚

1）原因：如果存在端电压正常的轻微膨胀蓄电池，可能是因为蓄电池生产组装时采用紧装配所造成；如果没有较大的变化，就属于正常现象。如果有些蓄电池的开阀压力过高，不能及时泄放壳内压力就必然造成蓄电池的鼓肚。如果蓄电池生产企业选用的壳体厚度太薄，即使开阀压力在行业标准规定的范围内，也会出现蓄电池鼓肚现象；当蓄电池长时间使用后硫酸铅化、极板增大，也会使蓄电池壳体鼓肚；发生热失控的蓄电池也会出现鼓肚现象。

2）维护措施：对于鼓肚的蓄电池，必须进行全面的质量鉴定，测量其端电压、进行小容量的放电后采用浮充电压进行恒压补充电；观察鼓肚的变化情况，如果没有减轻，就应立即对鼓肚的蓄电池进行更换。当然，由于极板硫酸铅化而增大以及热失控原因造成鼓肚的蓄电池，是无法修复的，只能进行更换。

 知识拓展

开启动车调试——南通首条地铁加速到来

随着首列电客车缓缓驶离运用库开往正线轨道，南通轨道交通 1 号线一期工程信号系统动车调试工作正式开启，标志着距离 2022 年开通运营目标又近一步，南通"地铁时代"正加速到来。

南通 1 号线一期采用的是卡斯柯成熟稳定的 CBTC 信号系统，它是掌控这条地下"长龙"灵活运转的"智慧大脑"，将为线路的安全、高效运营提供可靠保障。值得一提的是，卡斯柯将为 1 号线配置智能运维系统，与南通城市轨道交通有限公司携手共同进行系统开发，并在控制中心筹建网级智能运维中心。

动车调试是列车实现试运行及载客运营前的最后一道关卡，对于信号系统来说，涉及上百项功能测试，是一次长达数月的"驯龙记"，主要包括：轨旁数据校验、无线覆盖测试、单车中低速轨旁动态调试、单车高速动态调试、ATO 精确停车调试和多车动态追踪调试等。

为保证调试工作的顺利进行，卡斯柯提前谋划，努力调配资源，组织精兵强将，不断优化测试计划及方案。

资料来源：卡斯柯，2021 年 10 月 16 日

【学习小结】

1. 信号电源屏向地铁线路的正线、控制中心、车辆段及试车线的所有信号系统设备提供稳定可靠的交、直流电源。根据不同的用电要求,通过选配不同的高频开关电源模块,实现智能化供电。

2. 信号电源屏能够在较大温度范围内正常工作,故障定位,显示故障信息。所有电源模块均设有电压、电流、频率、相位数字显示装置。电源模块可实现热机插拔,在线维护简单快捷。

3. 电源屏由外电网输入两路市电,经输入配电后进入电源模块进行稳压及变换处理,通过输出端子为负载供电。在系统工作过程中监测模块始终对系统各参数进行监控,如有异常即发出警报。

4. UPS 是一种含有储能装置、以逆变器为主要组成部分的恒压恒频不间断电源。当市电输入正常时,UPS 将市电稳压后供应给负载使用;当市电中断时,UPS 立即将蓄电池的电能通过逆变转换向负载持续供电。

5. UPS 主要确保信号系统在瞬间停电或两路电源切换过程中能够正常工作;在外电网两路电源供电中断情况下,UPS 电源子系统能够保持信号系统在一定时间内正常工作。

6. 放置蓄电池的地面应有足够的承载能力,蓄电池室应有必要的通风设施,蓄电池应避免阳光直射,蓄电池应有经常照明和事故照明。

【知识巩固】

一、填空题

1. 信号电源屏电源模块采用_____方式,以确保系统的高可靠性。
2. 信号电源屏组成按功能分主要包括_____、_____、_____、_____等部分。
3. 需要对 UPS 及蓄电池等进行检修或者是设备发生故障需维护时,需要将负载转向_____进行直接供电,实现对 UPS 的_____维护。

二、简答题

1. 简述信号电源屏和信号 UPS 的作用。
2. 简述信号电源屏日常维护的事项。
3. 简述信号 UPS 的主机和蓄电池维护的事项。
4. 蓄电池的使用有哪些注意事项?

项目四

车载列车自动控制系统维护与检修

【情境导入】

列车自动运行控制系统的性能决定列车运行效率,某日上下班高峰时段,自动驾驶列车 A 进站后未对准站台门停车,车门边界超出站台门 30cm,导致车门打开后被站台门框遮挡,原 1m 宽的车门仅剩余 70cm 门洞作为上下车通道,司乘人员调整为人工驾驶模式,驾驶列车退行,导致该列车未能正点发车,受列车 A 晚点影响,后方自动驾驶模式运行列车突发紧急制动,该线路多辆列车晚点。

针对列车站台停车对准不小于 30cm 情形的故障,通信信号人员首先将故障定位到车载控制设备,自动驾驶模式下,站台精确停车是由车载设备完成。如果车载设备发生故障、列车速度检测不精确或车载定位出现误差,都会导致列车停车不准。地铁相关技术人员即刻进行故障原因查找,作为信号人员该如何诊断并修复故障呢?

任务一 车载 ATP 设备维护与检修

【任务描述】

车载 ATP 是确保列车运行安全的关键设备,负责列车速度自动防护、车门防护等,那车载 ATP 是如何实现列车自动防护的呢?如果车载 ATP 设备发生故障,会造成哪些影响,作为信号技术人员需要如何修复车载 ATP 故障呢?

【学习目标】

知识目标	技能目标	素养目标
1. 了解与掌握车载 ATP 测速测距、防护曲线计算、制动触发及车门允许功能 2. 了解 ATP 列车速度防护、车门防护的实现原理	1. 能够对车载 ATP 进行故障诊断 2. 能够正确认知 ATP 主机设备、识别设备状态,对 ATP 主机进行维护与检修 3. 能够通过识别 ATP 信号、读取 ATP 日志,进行车载 ATP 故障诊断	1. 具备深度思考,推理决断的能力 2. 培养积极向上,自主学习的素养

【知识准备】

列车运行自动控制系统车载设备主要实现列车速度的监督和控制、进行列车的超速防护及自动驾驶列车等功能。ATC 车载设备分别安装在列车的两端,两端设备间通过通信线缆连接。ATC 车载设备主要由列车超速防护系统(ATP)、列车自动驾驶系统(ATO)、车载人机(MMI)、车载通信系统、测速定位系统和车辆外设组成,如图 4-1 所示。

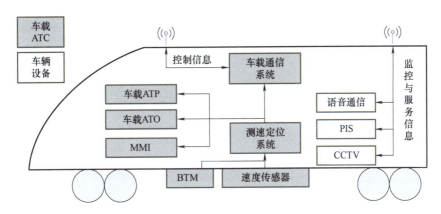

图 4-1　车载设备结构

一、车载 ATP 设备功能

车载 ATP 采用 3 取 2 安全模式，通过采集来自速度传感器与雷达的测速测距信息，结合来自地面的移动授权信息，综合计算生成列车运行防护速度曲线，对列车运行速度起到安全防护，并在人机交互界面中实时报警显示。车载 ATP 设备如图 4-2 所示。

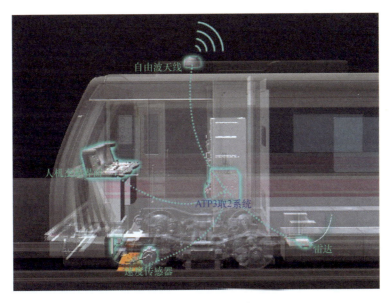

图 4-2　车载 ATP 设备

1. 测速与测距

确定车辆速度和位置是车载设备的关键功能。车载 ATP 设备具备速度测量功能，并根据测速脉冲的相位，对车头走行方向进行判定。车载 ATP 应能检测出车轮的空转打滑，并通过相应设备自动补偿由于车轮空转、打滑所引起的测速测距误差。

2. 防护曲线的生成和应用

车载 ATP 子系统考虑车辆设备及线路特性，根据最严格的限速和防护点，按照安全制动模型，并考虑司机的可操作性、系统的可用性和列车运行效率，生成 ATP 防护曲线，如图 4-3 所示。

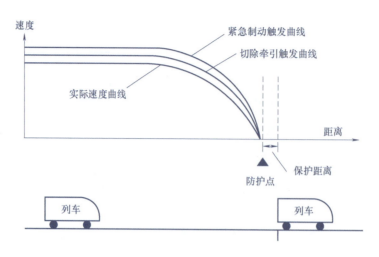

图 4-3 ATP 防护曲线

最严格限速曲线是由线路中每个位置取下述限速中最严格的速度值而生成的连续曲线，包括：

1）道岔通过限速：联锁向 ZC 提供进路编号，ZC 获得进路后通知车载 ATP 进路信息，车载设备通过电子地图存储的道岔区域的限速进行防护。

2）站台通过限速：根据车载设备中预存的电子地图，确定线路中每个车站的站台永久限速。

3）区间永久限速：固定限速是在设计阶段设置完成的，在车载 ATP 和 ATO 设备中固定储存的整条线路的固定限速区信息。

4）线路临时限速：限制速度在某些条件下（施工现场、临时危险点）可以被降低。临时速度限制区段的范围通常限制在一个或多个区段。车载 ATP 根据 ZC 设备实时动态提供的临时限速信息（包括临时限速区域位置和临时限速值），并结合车载设备中预存的电子地图，实时动态确定线路中临时限速区域位置及限速值。

5）车辆限制速度：由车辆构造和牵引制动系统所限定的速度，由车辆方提供。

3. 常用制动和紧急制动

车载 ATP 设备具有常用制动和紧急制动两级防护控制的能力。在常用制动失效后，可施行紧急制动。常用制动一般在到站停车时使用，其施加的制动力是制动控制单元根据车辆的减速度与载重计算而得。常用制动对车辆制动冲击率具有一定限制，可确保列车的舒适性能。紧急制动是利用空气制动模式，通过紧急制动安全回路直接控制，在紧急制动安全回路失电时，列车自动施加紧急制动。车载 ATP 只有在紧急情况下，例如车载系统丢失自身定位或检测到发生故障等情况发生，才会施加紧急制动，紧急制动对列车施加最大制动力，使列车以最大减速度减速直至停车。车载 ATP 设备速度控制原理如图 4-4 所示。

配套微课：超速防护功能认知

4. 车门允许

通常情况下，在站台停车窗口区以外停车时，车载 ATP 不允许车门开启。即使通过 ATO 自动驾驶列车时，未获得车载 ATP 的门允许时，车载 ATO 也不能打开或关闭车门。左右车门选择由车门开启命令来执行，此命令通过地面 ZC 子系统获得。

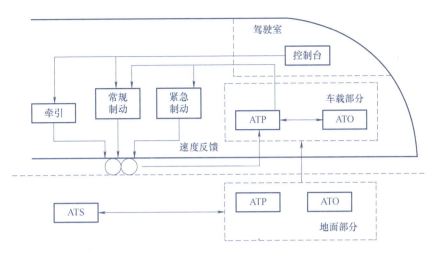

图 4-4　车载 ATP 设备速度控制原理

5. 系统控制模式选择

基于 CBTC 的列车运行级别由高到低可分为：

1）连续通信控制下 ATP/ATO 的运行（简称 CTC 级别）。
2）点式通信控制下 ATP/ATO 的运行（简称 ITC 级别）。
3）联锁级下的运行（简称 ILC 级别）。

CTC 级别下，系统通过连续通信设备，例如感应环线、漏泄电缆等获得移动授权，控制列车在 CM/AM-C 下运行；ITC 级别下，通过地面应答器获得点式的通信信息，控制列车在 CM/AM-I 下运行；ILC 级别下，列车不生成移动授权，只能在 RM 模式下运行。

根据列车运行级别，可设置以下列车驾驶模式：

1）列车自动驾驶模式——AM 模式。
2）列车自动防护下的人工驾驶模式——CM 模式。
3）限制人工驾驶模式——RM 模式。

AM 模式为列车自动驾驶模式。在该模式下，ATP 子系统保证列车的运行安全，ATO 子系统实现列车在区间的自动运行、站台精确停车等功能。

CM 模式为 ATP 监控下的人工驾驶运行模式。在该模式下，ATP 子系统确定列车运行的最大允许速度，司机驾驶列车在 ATP 保护的速度曲线下运行。

RM 模式为限制人工驾驶模式。在该模式下，车载 ATP 限制列车在某一固定的低速（紧急制动限速 25km/h）之下运行，司机依据地面信号显示驾驶列车。

为保证在发生故障情况下列车的继续运行，车载 ATP 设备支持 ATP 切除模式：NRM 模式。在 NRM 模式下，车载 ATP 设备的输出全部被车辆切换掉，由司机和联锁设备负责列车和乘客的安全。

如当前处于 RM 模式，即人工限速模式，该模式下可以 ATO 自动驾驶或司机手动驾驶，ATP 执行非全功能防护，ATP 只有固定数值的限速。即 ATC 主控开关位于 ATP 或 ATO 位，插上钥匙激活车载 ATP，车载 ATP 进入 RM 模式。当运行过程中发生导致降级的紧急制动，或者按下 RM 按钮，或者对回段模式进行确认后，ATP 也将转入 RM 模式。RM 模式下，ATP 将执行部分列车自动防护功能，信号机状态以及其他安全防护功能由司机负责。司机对于列车运行操作负全责。

如当前处于 CM 模式，即 ATP 监控下的人工驾驶运行模式。在 CM 模式下，列车由司机人工驾驶，列车运行在车载 ATP 的防护下监控。CM 模式用于 CTC 级别。车载 ATP 依照移动授权监督列车运行。CM 模式可以由列车司机预选，预选后在所有必要条件得以满足时，列车会自动由 RM 模式升级进入 CM 模式。列车司机依照显示的驾驶指令来操作列车。

二、车载 ATP 对外接口

车载 ATP 作为车载设备的核心，与其他各子系统都存在直接接口，使得各个子系统可以及时把信息传送给车载设备，车载设备将获取的信息进行计算实现列车的 ATP/ATO 功能，并将自身的状态信息反馈给各子系统保证整个 CBTC 系统正常运作。车载设备与其他各子系统的接口主要包括：

配套微课：列车自动防护原理

1）车载设备与 ZC 之间的通信。在 CBTC 系统中，每列列车上的车载设备需要发送当前列车的位置报告给 ZC；ZC 需要反馈给车载设备移动授权和前方线路区段的动态描述信息。

2）车载设备与列车自动监控（ATS）系统之间的通信。ATS 系统在列车运行过程中需要将主动列车识别、发车时间、下一站到达时间等信息发送到列车车载设备。车载设备需要将列车状态报告（列车识别号、列车驾驶模式等）反馈给 ATS 系统。

3）车载设备与计算机联锁（CI）之间的通信。CI 在 CBTC 系统中的作用没有在 TBTC 系统中那么重要，但是仍然对列车的安全运行有着重要的保障。在列车快要行驶到站台时，CI 要将安全门关闭的信息传送给车载设备；列车在驶出站台时车载设备需要将列车车门关闭的信息传送给 CI。

4）车载设备与车载 ATO 之间的通信。车载 ATP 为车载 ATO 提供自动驾驶所需的列车状态信息、车辆控制信息，车载 ATO 设备根据地面中心（ATS）、列车自动防护（ATP）系统和司机的控制命令完成列车的自动驾驶，根据运营的需求完成列车的精确停车、自动折返等。

车载 ATP 的对外接口通常还包括 MMI、BTM、车辆设备和测速设备，若为感应环线系统还包括 TWC 设备等，其连接方式如图 4-5 所示。

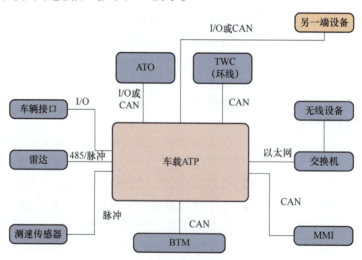

图 4-5　车载 ATP 的对外接口及连接方式

一、车载 ATP 硬件组成

车载 ATP 子系统主机通常由电源板、主控板、输入板、输出板、通信板和记录板组成，如图 4-6 所示。

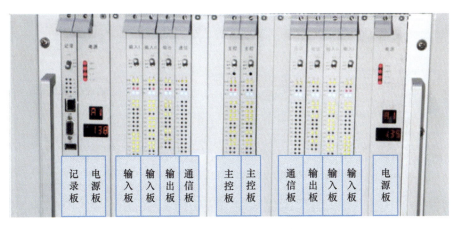

图 4-6 车载 ATP 主机实例

电源板采用双电源冗余模块，任意一块均能满足系统运行供电需求。每块电源板设置一个"输入"显示灯位，表明外部电源接入状态，该灯点亮，表明外部供电正常，否则表明没有外部供电，详见表 4-1。

表 4-1 电源面板检查表

编号	面板标识	说明
1	24V1	系统电源输出，亮起时表示 POWER_V1 输出正常
2	24V2	接口电源输出，亮起时表示 POWER_V2 输出正常
3	5V1	内部总线供电，亮起时表示 POWER_V3 输出正常
4	5V2	内部总线供电，亮起时表示 POWER_V4 输出正常

主控板负责 ATP 子系统的逻辑运算，其面板指示灯具有表明运行和通信状态的功能，并能够在故障状态表明故障类型，详见表 4-2。

表 4-2 主控板显示灯检查表

指示类型	说明	LED 灯显示定义
工作状态指示	工作电源指示，绿色	常亮，表示输出电源正常
	工作状态指示，红色	闪烁，表示工作状态正常
	主备系指示，红色	闪烁，表示本系为主系 常灭，表示本系为备系
	双路输出表决指示，蓝色	常亮，双路输出表决失败时闪烁

(续)

指示类型	说明	LED 灯显示定义	
通信状态指示	指示各子系统通信状态：正常工作，有数据接收时闪烁绿色灯光；如果该灯常灭，表明该灯对应的内部通信通道连接已经断开	01	双系同步接收指示
		02	无定义，常灭
		03	左侧输入 2 板
		04	左侧输出板
		05	左侧通信板
		06	无定义，常灭
		07	无定义，常灭
		08	左侧输入 1 板
		09	右侧输入 1 板
		10	右侧输入 2 板
		11	右侧输出板
		12	右侧通信板
		13	无定义，常灭
		14	无定义，常灭
		15	无定义，常灭
		16	双系同步发送指示

输入板为系统运行提供外部输入信号检测的功能以及输出板的反馈，主要为电平输入量；输出板实现输出驱动功能。通信板在正常运行时，工作指示灯通过周期闪烁来表明本通信板的工作状态，通信指示灯在接收到主控板发送的有效信息时，进行有规律闪烁，通信状态指示灯表明是否与外部进行了数据交互，如果通信板从外部接收或者向外部发送数据，则相应指示灯闪烁；如果通信板某端口没有与外部的数据通信，则相应指示灯常灭，详见表 4-3。

表 4-3　通信板工作状态检查对照表

电路板	指示灯位置	正常状态	备注
通信板	A1	慢闪	通常状态
		快闪	连接正在工作的后级设备
	B1	常亮	通常状态
		快闪	收到报文
	A2	慢闪	通常状态
	B2	常亮	通常状态
		快闪	收到报文

二、车载 ATP 故障诊断与检修

板级故障处理示例详见表 4-4。

项目四 车载列车自动控制系统维护与检修

表 4-4 板级故障处理示例

故障类型	故障源	故障表现	建议处理措施
板卡	单侧主控板故障	单侧主控板不能正常启动，主控板运行灯 A 灯、B 灯灭，MMI 显示 ✖	更换
板卡	双侧主控板故障	双侧主控板不能正常启动，双侧主控板运行灯 A 灯、B 灯灭，MMI 显示 ✖	更换 注1：当双侧输入Ⅰ板、双侧输入Ⅱ板、双侧通信板以及双侧输出板故障时也会出现 ✖，需根据具体情况区分 注2：当 MMI 与 ATP 主机通信故障时也显示此图标，需根据主控板灯闪烁进行区分
板卡	单侧输入Ⅰ板/Ⅱ板故障	单侧不能启动，输入板运行灯 A 灯、B 灯灭或主控板对应的 SBP 灯不闪烁	更换
板卡	双侧输入Ⅰ板/Ⅱ板故障	双侧不能启动，输入板运行灯 A 灯、B 灯灭或主控板对应的 SBP 灯不闪烁	更换

接口故障处理示例详见表 4-5。

表 4-5 接口故障处理示例

故障类型	故障源	故障表现	建议处理措施
接口	与 MMI 通信故障	ATP 主机正常，而 MMI 显示无 ATP：✖	检查车载机柜中的 X6 与 J6 连接是否良好；若 X6 和 J6 连接良好，拆除 MMI，检查 MMI 背部的通信接头 J1 连接是否良好
接口	与 ATO 通信故障	MMI 显示 ATO 故障：✖	检查车载机柜中的 X5 与 J5 连接是否良好；若 X5 和 J5 连接良好，检查 ATO 主机是否正常

数字输入输出量故障示例详见表 4-6。

单列车紧急制动故障诊断检修

表 4-6 ATP 数字输入输出量故障示例

故障类型	故障源	故障表现	建议处理措施
输入故障	列车外部紧急制动信号异常	外部紧急制动信号为高电平，而输入Ⅰ板没有采集到，输入Ⅰ板的 7 灯、8 灯灭	检查 I/O 配线，步骤如下： 1) ATC 断电 2) 检查重载插接器 J16 和 X16 是否接触良好；若存在虚接、脱针等问题，则对其采用紧固等措施进行处理，然后上电检查故障是否恢复，否则转下一步 3) 检查柜内 C14 插接器与 ATC 接口层 I/O 输入板是否接触良好若存在虚接等问题，则对其采用紧固等措施进行处理，然后上电检查故障是否恢复，否则转下一步 4) 万用表检查 X16 的 4 针脚与 C14 插接器的 Z26 针脚是否导通，X16 的 11 针脚与 C14 插接器的 B28 针脚是否导通。若不导通，则检查 X16 及 C14 插接器是否存在缩针等故障，否则转下一步 5) 万用表检查 J16 的 4 针脚和 11 针脚对应的列车接线端子的连通性（需查看车辆方电路图中与信号系统接口的部分图纸）；若不导通，则对 J16 及车辆侧万可接线端子进行检查。否则，联系车辆方查找原因

(续)

故障类型	故障源	故障表现	建议处理措施
输出故障	常用制动输出失败	车载 ATC 给出常用制动，输出板的 3 灯灭，但车辆未执行常用制动	检查 I/O 配线，步骤如下： 1）检查车载 ATC 与车辆接口边界的万可接线端子排 XT1 左侧的空开是否处于闭合状态，若未闭合则需要闭合。若空开为闭合状态，则转下一步 2）用万用表测量万可接线端子排 XT1 端子 42 和 43 是否有 110V，若无 110V，则联系车辆方查找原因；若有 110V，则转下一步 3）ATC 断电 4）检查 ATC 接口层 I/O 输出板是否与母板接触良好；若存在虚接等问题，则对其采用紧固等措施进行处理，然后上电检查故障是否恢复，否则转下一步 5）检查重载插接器 J17 和柜内 X17 插接器是否良好接触；若存在虚接、脱针等问题，则对其采用紧固等措施进行处理，然后上电检查故障是否恢复，否则转下一步 6）检查柜内 C15 插接器是否与 ATP 接口层 I/O 输出板端子良好接触；若存在虚接等问题，则对其采用紧固等措施进行处理，然后上电检查故障是否恢复，否则转下一步 7）万用表检查 X17 的 3 针脚与柜内 C15 插接器的 D18 针脚的连通性；若不导通，则检查 X17 及 C15 插接器是否存在缩针等故障，否则转下一步 8）替换接口层的 I/O 输出板，然后 ATC 上电检测。如果输出功能恢复，说明板卡故障，替换原有板卡。如果输出仍然异常则将 ATC 断电转下一步 9）替换接口层的右继电器板，然后 ATC 上电检测。如果输出功能恢复，说明板卡故障，替换原有板卡。如果输出仍然异常则将 ATC 电转下一步 10）万用表检查 J17 的 3 针脚与列车接线端子的连通性（需查看车辆方电路图中与信号系统接口部分图纸）；若不导通，则对 J17 及车辆侧万可接线端子进行检查。否则，联系车辆方查找原因

车载 ATP 板级故障检查表见表 4-7。

表 4-7 车载 ATP 板级故障检查表

故障源	故障表现	检查结果
单侧主控板故障	单侧主控板不能正常启动，主控板运行灯 A 灯、B 灯灭，MMI 显示 ✕	
双侧主控板故障	双侧主控板不能正常启动，双侧主控板运行灯 A 灯、B 灯灭，MMI 显示 ✕	
单侧通信板故障	单侧不能启动，通信板运行灯 A 灯、B 灯灭或主控板对应的 SBP 灯不闪烁	
双侧通信板故障	双侧不能启动，通信板运行灯 A 灯、B 灯灭或主控板对应的 SBP 灯不闪烁	

(续)

故障源	故障表现	检查结果
单侧输出板故障	单侧不能启动，输出板运行灯 A 灯、B 灯灭或主控板对应的 SBP 灯不闪烁	
双侧输出板故障	双侧不能启动，输出板运行灯 A 灯、B 灯灭或主控板对应的 SBP 灯不闪烁	
单侧电源板故障	单侧电源板不能启动，LED 无显示	
双侧电源板故障	双侧电源板不能启动，LED 无显示，平台无电	
记录板故障	不能启动，运行灯不能点亮	
SBP 连接错误	功能板能够上电，但主控板对应的 SBP 连接灯不闪烁	

知识拓展

"丝路新通道"——新型列控系统和若铁路综合试验完成

历经 3 年半的艰苦奋战，和若铁路于 6 月 16 日正式开通运营，与格库铁路、南疆铁路共同构成世界首个沙漠铁路环线。这条长达 2712km 的环塔克拉玛干沙漠铁路环线，让铁路沿线百姓出行更加便捷。

综合试验涉及铁科院等 5 家单位的车载、地面车站和车站中心全套设备，试验内容覆盖列控基本功能、移动闭塞、融合北斗的列车综合定位、应急救援等功能场景。一望无际的戈壁滩，负责地面列控和联锁专业的杨海滨及其小组奔波在沿线 9 个车站，耳朵和嘴里经常是尘土飞沙。"印象最深的就是沙漠里的胡杨林，胡杨是沙漠英雄树，根是戈壁，身植大漠，忠诚顽强，甘于奉献，我们新时代的铁路科技工作者也是这样。"越是艰苦的地方，越是生长茂盛，杨海滨表示将像胡杨那般，用青春、奋斗和奉献，为系统动态行车试验及和若铁路顺利开通保驾护航，助力沙漠绽放幸福之龙。

资料来源：聚焦"四保"目标任务展，2022 年 07 月 21 日

【学习小结】

1. 车载 ATP 通过采集来自速度传感器与雷达的测速测距信息，结合来自地面的移动授权信息，综合计算生成列车运行防护速度曲线，对列车运行速度起到安全防护。

2. 车载 ATP 子系统考虑车辆设备及线路特性，根据最严格的限速和防护点，按照安全制动模型，并考虑司机的可操作性、系统的可用性和列车运行效率，生成 ATP 防护曲线。

3. 车载 ATP 设备具有常用制动和紧急制动两级防护控制的能力。常用制动对车辆制动冲击率具有一定限制，可确保列车的舒适性能。紧急制动对列车施加最大制动力，使列车以最大减速度减速直至停车。

4. 在通常的情况下，在站台停车窗口区以外停车时，车载 ATP 不允许车门开启。即使通过 ATO 自动驾驶列车时，未获得车载 ATP 的门允许时，车载 ATO 也不能打开或关闭车门。

5. CTC 级别下，系统通过连续通信设备控制列车在 CM/AM-C 下运行；ITC 级别下，通过地面应答器获得点式的通信信息，控制列车在 CM/AM-I 下运行；ILC 级别下，列车不生成移

动授权，只能在 RM 模式下运行。

6. AM 模式 ATP 子系统保证列车的运行安全，ATO 子系统实现列车自动驾驶。CM 模式 ATP 子系统确定列车运行的最大允许速度，司机驾驶列车。RM 模式车载 ATP 限制列车在某一固定的低速之下运行。

【知识巩固】

一、填空题

1. 车载 ATP 通过采集获取列车自身的_____与_____信息，结合来自地面的_____移动授权_____信息，综合计算生成列车运行防护速度曲线，对列车运行速度起到安全防护。

2. 最严格限速曲线是由线路中道岔与站台通过限速、_____、_____、_____，取各限速中最严格的速度值而生成的连续曲线。

3. CTC 级别下，列车通过_____通信，控制列车在 CM/AM-C 下运行；ITC 级别下，获得_____通信信息，控制列车在 CM/AM-I 下运行。

二、简答题

1. 请简述超速防护曲线的生成过程与车载 ATP 实现列车防护的内容。
2. 请画图表示出车载 ATP 信息交互内容与通信连接方式。
3. 请简述 AM、CM 以及 RM 驾驶模式的特点。

任务二　车载 ATO 设备维护与检修

【任务描述】

ATO 属于列车自动控制系统关键设备，负责列车自动驾驶，那 ATO 是如何自动驾驶列车的呢？如果 ATO 设备发生故障，作为信号技术人员需要如何诊断并修复故障呢？

【学习目标】

知识目标	技能目标	素养目标
1. 了解 ATO 列车自动驾驶、无人自动折返以及车门控制功能 2. 掌握 ATO 自动驾驶功能的实现过程，并对自动驾驶故障进行故障诊断	1. 熟悉 ATO 主机设备并通过识别设备状态进行故障排查 2. 能够通过识别 ATO 信号输出量进行 ATO 故障诊断 3. 能够诊断板卡故障并按照核心板卡拆装流程更换板卡	1. 能够按照 5S 管理规范和检查标准维护实训环境 2. 能够通过标准化作业，养成严于律己的工作习惯

【知识准备】

一、车载 ATO 子系统概述

1. ATO 与 ATP 子系统关系

ATO 是在车载 ATP（列车自动防护子系统）的监督下，充当列车司机自动驾驶列车运行。ATO 为非"故障-安全"系统，其控制列车自动运行，主要目的是模拟最佳的司机驾驶，实现正常情况下高质量的自动驾驶，提高列车运行效率、运行的舒适度并节省能耗。

ATP 子系统是城市轨道交通列车运行必不可少的安全保障，ATO 子系统则是提高城市轨道交通列车运行水平（准点、平稳、节能）的技术措施。ATP 子系统主要执行防护功能，包括超速防护、车门防护，起到保证安全的作用；ATO 子系统主要负责正常情况下列车高质量地运行。ATO 与 ATP 子系统的关系如图 4-7 所示，可以总结为以下两点。

（1）**ATP 是 ATO 的基础**　ATO 不能脱离 ATP 单独工作，ATO 必须从 ATP 获得基础信息，并且只有在 ATP 安全防护的基础上，ATO 控制列车运行才有安全保证。

（2）**ATO 是 ATP 的发展和技术延伸**　ATO 在 ATP 的基础上实现自动驾驶，而不仅仅停留在运行防护的技术上。

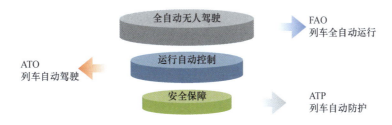

图 4-7　ATO 与 ATP 子系统关系

2. ATO 子系统要求

（1）**ATO 子系统驾驶模式切换**　司机可在任何时候转换模式，通过模式选择旋钮（图 4-8）选择司机手动驾驶或 ATO 自动驾驶。手动驾驶时由 ATP 子系统负责安全速度监督，自动驾驶时由 ATO 子系统给出列车控制命令。

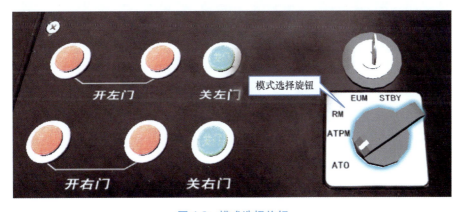

图 4-8　模式选择旋钮

（2）停车精度满足要求　ATO定点停车精度应根据站台长度、列车性能和站台门的设置等因素综合确定。定点停车系统通过地面标志器为列车提供精确的位置信息，正常站台定点停车精度在±0.25～±0.5m范围内。

（3）舒适度和快捷性的要求　舒适度的要求主要是指尽可能减少牵引、惰行和制动之间的转换。快捷性主要是指控制过程的时间短，提高运行效率。

（4）自动运行调整　通过车载ATO天线和地面ATO收发单元，ATO直接与车站设备通信，可以实现最佳的运营控制，包括运行图和时刻表调整、目的地和进路控制等。

（5）数据存储与自检　最后车载ATO还需能够自动记录运行状态、自诊断及故障报警。

二、车载ATO子系统功能

车载ATO设备的功能主要包括自动驾驶、无人自动折返及车门控制。这三个控制功能相互独立运行。

1. 自动驾驶

ATO自动驾驶的条件是：在SM模式（ATP监督模式）中；已过了车站停车时间；联锁系统排列了进路；车门关闭；驾驶手柄处于零位；司机按压ATO启动按钮进入ATO驾驶模式。以上其中一项条件不被满足，ATO启动无效，ATP关闭ATO输出的所有控制信号。

ATO自动驾驶功能主要包括以下5个方面：

（1）自动调整列车运行速度　ATO通过比较列车实际运行速度与线路最大允许速度，并结合运行线路的实况，ATO自动控制列车的牵引及制动，使列车始终按照实时更新的最佳推荐速度运行，实时为列车计算速度-距离曲线（图4-9），并控制列车运行速度。

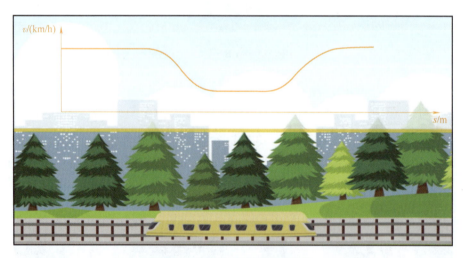

图4-9　ATO速度距离模式曲线

（2）停车点的目标制动　车站停车点作为目标点，ATO子系统根据列车当前运行速度、最佳制动率和距停止点的距离综合计算出一条制动曲线，使列车能够以最佳制动率，准确、平稳地停在规定的停车点。

（3）车站自动发车　当ATP子系统认为列车发车安全条件符合时，ATO子系统给出启动显示（ATO启动按钮闪烁），司机立即按下启动按钮（图4-10），ATO子系统使列车从制动停车状态转为驱动状态，列车在ATO的控制下输出牵引控制，该牵引控制可使列车平稳加速，按照最佳推荐速度运行。

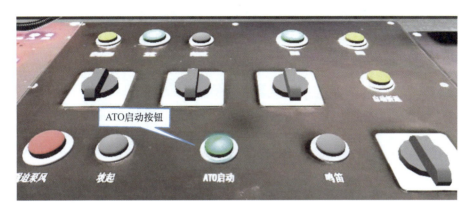

图 4-10 ATO 启动按钮

（4）区间临时停车　ATO 子系统根据列车运行前方目标点位置（如前行列车或站台等），实时计算速度-距离曲线（图 4-11），控制列车运行，使列车在目标点前方 10m 左右（可配置）停车。区间临时停车时车门 ATO 控制车门关闭，当前方停车信息消除，车载 ATO 自动启动列车运行。

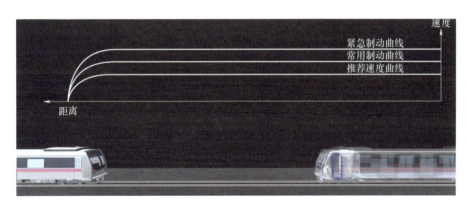

图 4-11 列车追踪运行过程速度-距离曲线

（5）区间限速响应　区间临时性限速的命令由车站或中心设备发出，实时传输给车载设备，再由车载 ATO 输出列车制动控制，将减速指令作用于列车。对于长期的限速区间，限速数据可事先存入 ATO 子系统，在执行自动驾驶计算运行曲线时，ATO 了系统自动考虑该区间限速。

2. 无人自动折返

无人自动折返（AR）是一种特定情景下的驾驶模式，在这种 AR 模式下无须司机控制，列车上的全部控制台将被锁闭。

接收到无人驾驶折返运行命令后，AR 模式需要司机确认后得到授权，授权经驾驶室人机界面显示给司机，司机授权后锁闭控制台，列车即可自动进入无人自动折返模式。

ATO 控制列车折返运行前，由工作人员按下站台的 AR 按钮（图 4-12），车载 ATO 才开始实施无人折返运行。通过轨旁设备提供的线路数据来驾驶列车进入折返轨，如图 4-13 所示（红线路径所示），在折返轨停车后调换驾驶室，原车尾转换为车头，换端后自动驾驶列车回到出发站台（蓝线路径所示）。

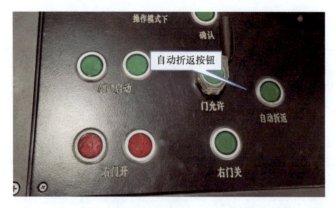

图 4-12　自动折返按钮

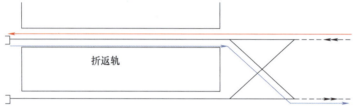

图 4-13　列车自动折返线路示意图

无人自动折返功能的输入是当前的测速、定位以及 ATP 速度曲线，无人自动折返功能输出是列车制动和牵引控制命令。列车回到出发站台停稳停准后，表示自动折返程序完成，车载设备自动退出 AR 模式。

3. 车门控制

当列车站台停车后，ATO 子系统给出开门命令，在 ATP 子系统的监督下由 ATO 子系统自动打开车门，也可由司机手动打开正确一侧的车门。

ATO 车门控制功能的输入来自 ATP 的车门控制授权、采集列车运行方向、车门状态信息以及来自 ATS 的目的地号等信息。车门控制功能的输出将车门打开或关闭命令发给列车，准备开门前由 ATO 与 ATP 确保列车停稳，还需将开关门信息发给地面联锁设备，由联锁设备控制站台门的联动，如图 4-14 所示。

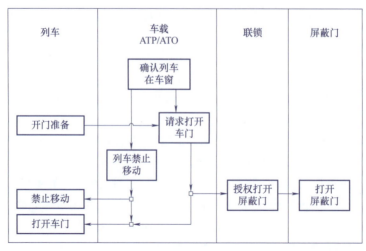

图 4-14　车载 ATO 控制车门打开流程

4. 速度监督闭环控制

通过车-地通信设备，地面信号不断从轨旁传至列车，车载 ATO 综合计算得出列车当前最佳运行速度-距离模式曲线，以此速度为依据，对外输出牵引指令和制动指令。当接近制动点时，ATO 设备将施加适当的制动极位，使列车运行跟随制动曲线，如图 4-15 所示。

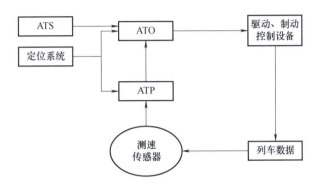

图 4-15　ATO 的工作原理

由 ATO 子系统执行的自动驾驶过程是一个闭环反馈控制过程，测速单元供给 ATO 列车的实际速度信息，反馈环路的基准输入是从实时运行数据中得出的，ATO 向牵引和制动控制设备提供数据输出，如图 4-16 所示。

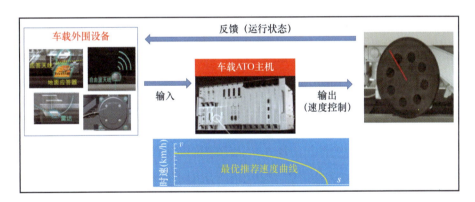

图 4-16　ATO 闭环速度控制

一、ATO 设备板级故障诊断与检修

1. 车载 ATO 主机认知

车载机柜（以下简称 VOBC 机柜）中包含 BTM、ATO、ATP 主机等，VOBC 机柜（图 4-17）摆放在驾驶室，位于列车司机的身后，每列车头尾两端各配置一套车载 VOBC 设备，列车头尾各配置一套 ATO 装备，单套 ATO 主机为双机热备冗余架构，ATO 主机设备与 VOBC 机柜内其他设备通过接口进行数据传输。

ATO 子系统由轨旁设备和车载设备组成。ATO 轨旁设备通常与 ATP 轨旁设备兼用，用于接收与列车运行控制有关的信息，包括地面应答器、轨旁 AP 等。ATO 车载设备由设在列车司机室的 ATO 控制器及安装在列车前后端的（与 ATP 兼用）外围设备组成，例如用于列车定位的应答器接收天线、用于速度距离测量的速度传感器和雷达、用于车-地无线通信的自由波天线等。

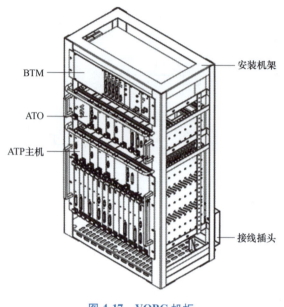

图 4-17　VOBC 机柜

2. 车载 ATO 板卡组成

车载 ATO 主机机笼通常由主机板、I/O 接口板、控车板、电源板以及补空板组成。

主机板负责 ATO 子系统的逻辑运算，在正常运行时，主机板电源指示灯常亮，工作指示灯闪烁。

I/O 板包括输入和输出两个模块，输入模块主要负责采集车辆状态信息以及 ATP 给出的允许信息，输出部分主要负责将 ATO 的输出命令输出到车辆。

控车板（图 4-18）主要负责输出控制列车运行的牵引、制动以及控车级位。控车板输入电压为 24V，工作温度要求在 $-25 \sim 70$℃，其功率要求小于 10W。

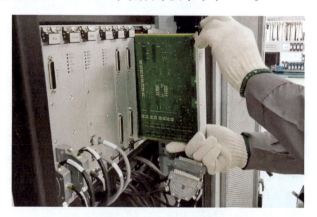

图 4-18　ATO 控车板

电源板给各个功能模块提供所需的各种工作电源，如 DC 5V、DC 24V 等，这些电源将列车提供的 DC 110V 经过电源滤波后，再进行 DC/DC 转换成所需的电源。

3. 车载 ATO 板卡更换

ATO 机笼内，每块板卡需准备一块备用板卡，当发生故障时可以及时替换。ATO 设备板级故障详见表 4-8。

表 4-8 ATO 设备板级故障

编号	故障源	故障表现	建议处理措施
1	主机板故障	主机板不能启动，工作指示灯灭，人机显示 ATO	更换
2	I/O 板故障	I/O 板不能启动，输入输出通道灯位异常点亮或者熄灭	更换
3	控车板故障	控车板不能启动，各灯均灭	更换
4	电源板故障	电源板不能启动，输出指示灯灭	更换

板卡更换注意事项如下：

1）选用正确的板卡：更换电路板前，首先确定新板卡为正确的板卡，并确定新板卡能正常工作。

2）佩戴防静电装置：当 ATO 设备工作时，务必使用防静电手环等静电防护装置，否则可能严重损毁设备。

3）拆卸故障板卡：使用正确的工具拆卸螺钉，确保螺钉不掉落到机柜，否则可能造成严重事故。拆卸时水平移出板卡，确保卡槽位置保持中正。

4）安装新板卡：上下均匀用力缓慢使板卡推入卡槽，安装到位后检查与其他板卡是否完全平齐，确保所有插针接触良好。

二、控车信号故障诊断与检修

控车信号故障诊断与检修详见表 4-9。

配套微课：车载
ATO 门控功能
故障诊断检修

表 4-9 控车信号故障诊断与检修

编号	故障源	故障表现	建议处理措施
1	车门状态信号异常	1）门打开：I/O 板 6 灯、7 灯亮 2）门关闭：I/O 板 6 灯、7 灯灭	检查处理步骤如下： 1）ATC 断电 2）检查 ATO 的 I/O 板是否与母板接触良好；若存在虚接等问题，则对其采用紧固等措施进行处理，然后上电检查故障是否恢复，否则转下一步 3）在 ATC 正常有电的情况下，在车门打开时观看 ATP 输入板 I 的 12 灯和 13 灯是否为熄灭状态，或者在车门关闭时观看 ATP 输入板 I 的 12 灯和 13 灯是否为常亮状态，若其中一种情况或者两种情况均为"是"，则更换 ATO 的 I/O 板；若其中一种情况或者两种情况均为"否"，则观察输入 I 板或输入 II 板相应灯位，采集与实际情况是否一致 4）若更换 ATO 的 I/O 板后故障仍然存在，则联系设备提供商

(续)

编号	故障源	故障表现	建议处理措施
2	门选模式信号异常	开门模式打在不同模式时，I/O 板 12 灯、14 灯、16 灯显示不正确	检查处理步骤如下： 1）ATC 断电 2）检查 ATO 的 I/O 板是否与母板接触良好；若存在虚接等问题，则对其采用紧固等措施进行处理，然后上电检查故障是否恢复，否则转下一步 3）ATC 断电，检查重载插接器 J15 和 X15 是否接触良好；若存在虚接、脱针等问题，则对其采用紧固等措施进行处理，然后上电检查故障是否恢复，否则转下一步 4）万用表检查 J15 的 7、35 和 42 针脚与列车万可接线端子 XT1 的 27、29 和 28 端子是否对应连通，若不导通，则对 J15 及车辆侧万可接线端子进行检查，否则转下一步 5）ATC 上电 6）在开门模式开关所处的位置分别为 MM、AA 和 AM 时，使用万用表测量列车万可接线端子 XT1 的 27、29 和 28 端子对车辆 110V 地之间的电压，是否对应为 110V，若否，则联系车辆方查找是否为开关本身故障或者配线错误；若是，则更换 ATO 的 I/O 板。若更换 ATO 的 I/O 板后故障仍然存在，则联系设备提供商

知识拓展

自动驾驶冬奥列车领跑世界

作为冬奥会的重要交通保障力量，2022 年 1 月 6 日，身披"瑞雪迎春"涂装的北京冬奥列车正式上线。北京冬奥列车根据冬奥会需求量身打造，连通北京、延庆、崇礼三大赛场。这辆自动驾驶的高铁有什么新特点和"黑科技"呢？

自动驾驶是列车应用控制系统的前端技术，也是智能高铁的关键核心技术之一。在功能上具备 350km/h 下车站自动发车、区间自动运行、到站自动停车、停车自动开门、开门以后车门跟站台门自动联控等功能。自动驾驶的另一个优势就是节能减排，与司机手动驾驶相比，从张家口到北京，自动驾驶能够节能 7%，而且还有持续优化的空间。

莫志松长期从事列车运行控制系统的设计、研发和技术管理工作，职业生涯见证了我国列控系统从无到有、从有到强的全过程。他说，京张高铁被誉为中国铁路发展"集大成者"，多项高铁建设纪录令世界赞叹，也期待冬奥会的举办可以让京张高铁展现冰雪运动与高铁速度的激情魅力，实现智能创新与真情服务的完美结合。

资料来源：凤凰网，2022 年 01 月 09 日

【学习小结】

1. ATO 与 ATP 的关系：在列车自动防护系统车载 ATP 的监督下，由 ATO 充当列车司机的功能自动驾驶列车。只有在 ATP 的基础上才能实现 ATO，列车安全运行才有保证。ATO 是 ATP 的发展和技术延伸。

项目四　车载列车自动控制系统维护与检修

2. ATO 自动驾驶原理：ATO 设备通过采集地面信号，得到列车当前容许的最大安全速度，将实际速度与运行速度对比，对外输出牵引指令和制动指令。从而实现区间列车速度自动控制、车站停车点的精准停车、车站自动发车以及区间临时停车和区间限速响应。

3. ATO 车门控制条件：ATO 车门控制的必要条件为列车驶抵定位停车点，在停车窗内停准且停稳。车门打开功能的输入是来自 ATP 功能的车门释放，车门打开功能的输出将车门打开命令发给负责控制车门的列车系统。

4. 车载 ATO 设备组成：由电源板、数字 I/O 接口板、主机板、控车板组成。电源板给各个功能模块提供所需的各种工作电源，I/O 板执行与车辆的输入和输出功能，主机板负责 ATO 子系统的逻辑运算，控车板负责输出速度控制。

5. ATO 设备板级故障诊断：板级故障表现为功能板卡不能正确启动，指示灯显示异常，如主机板故障，人机提示 ATO 不可用。

6. 更换板卡注意事项：选用正确的板卡、佩戴防静电装置、拆卸故障板卡过程与安装新板卡过程需"缓、平、准"。

7. ATO 门控功能故障诊断：车门控制异常或门选模式异常时，首先通过 I/O 板灯位进行故障查找，如存在灯位异常，根据故障处理步骤进行故障修复。

【知识巩固】

一、填空题

1. ATO 主要目的是模拟最佳的司机驾驶，实现正常情况下高质量的自动驾驶，使得列车运行舒适、高效、_____。
2. ATP 是 ATO 的基础，_____不能脱离_____单独工作。
3. ATO 根据区间限速实时调整运行速度，区间限速包括_____限速和_____限速。
4. ATO 执行车门打开的前提是收到来自 ATP 的_____指令。

二、简答题

1. ATO 控制过程应满足舒适度和快捷性的要求，其舒适和快捷表现在哪些方面？ATO 如何控制实现？
2. 简述 ATO 自动驾驶功能包括哪些方面的自动控制。
3. 画出无人折返线路，并说出无人自动折返过程。
4. 简述 ATO 实现速度控制的工作原理。
5. 简述 ATO 机笼各功能板卡的作用。

任务三　车载人机设备操作

【任务描述】

车载人机设备是司机与车载 ATC 设备交互的接口，通过观察车载人机设备的显示，以及对车载人机设备的操作，有助于诊断列车自动控制系统的故障，那么车载人机设备是如何进行显示，又如何进行操作的呢？作为信号维修人员，需要如何修复人机设备的故障呢？

【学习目标】

知识目标	技能目标	素养目标
1. 了解车载人机界面显示内容、识别车载人机设备运行状态 2. 掌握车载人机界面操作与车载人机控制台操作	1. 能够通过人机操作完成车门控制、驾驶模式转换、折返操作等 2. 能够通过识别车载人机显示与操作，对车载 ATC 进行故障诊断	1. 提升爱国情怀和民族自豪感 2. 培养精益求精的工匠精神

【知识准备】

车载人机设备简称 MMI，是司机与车载 ATC 设备交互的接口，一方面用于向司机显示车载 ATC 设备信息，另一方面用于司机向车载 ATC 设备发送命令。另外，车载人机设备在列车自动控制系统故障诊断中起到直观的故障信息显示作用。

一、车载人机设备认知

车载人机设备包括司机控制台（图 4-19）与人机交互显示屏，是司机控制列车以及车载设备的接口，位于驾驶室前方。

MMI 用于辅助司机进行列车驾驶，它通过显示屏给司机提供清晰、直观的驾驶信息，包括车载设备的操作状态以及车辆操作必要的状态信息（如实际速度、限制速度、目标速度等）。通过触摸屏操作辅助司机完成一系列信息录入和设备日检功能。MMI 主界面如图 4-20 所示。

图 4-19　司机控制台

图 4-20　MMI 主界面

MMI 位于司机操作台的中间位置，安装位置、倾角等要求方便司机监视。主界面分为 25 个主显示区，如图 4-21 所示。

各个区域的功能详见表 4-10。

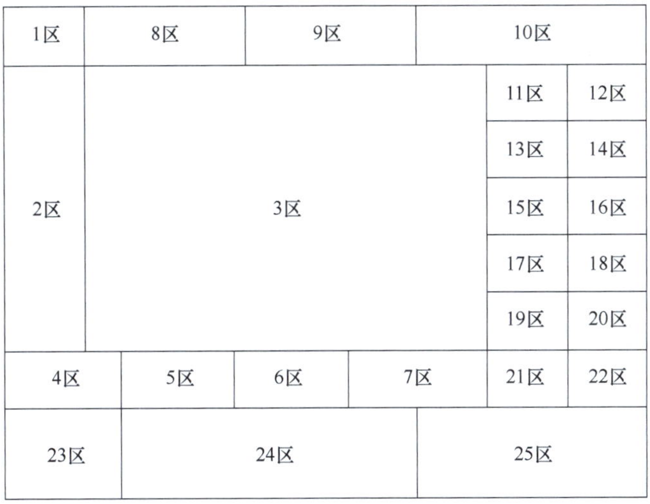

项目四　车载列车自动控制系统维护与检修

1区	8区	9区	10区	
2区	3区		11区	12区
			13区	14区
			15区	16区
			17区	18区
			19区	20区
4区	5区	6区	7区	21区	22区
23区	24区		25区	

图 4-21　整体效果图

表 4-10　MMI 区域功能对照表

各区域编号	功能	各区域编号	功能
1 区	超速报警及输出紧急制动显示	14 区	当前运行等级显示
2 区	目标速度及目标距离显示	15 区	折返状态显示
3 区	速度表盘	16 区	列车进入停车窗显示
4 区	牵引制动状态显示	17 区	门状态及门允许命令显示
5 区	最高可用驾驶模式显示	18 区	发车信息显示
6 区	列车完整性显示	19 区	客室门控制模式显示
7 区	列车头尾设备状态显示	20 区	车辆和站台门状态显示
8 区	终点站显示	21 区	设备故障显示
9 区	下一站显示	22 区	车辆段的转换区显示
10 区	车次显示	23 区	时间显示
11 区	跳停扣车显示	24 区	自定义显示
12 区	菜单按钮显示	25 区	自定义显示
13 区	当前驾驶模式显示		

　　1 区超速报警及输出紧急制动显示是根据预计超越速度限制的时间及距离，对司机显示警报，示意可能发生的意外状况。初始状态 1 区显示为黑色，橙色显示表示列车当前速度超过推荐速度，红色表示已输出紧急制动。

　　2 区目标速度及目标距离信息显示区域，车载 MMI 还可以显示列车运行速度、允许运行速度、目标距离以及目标速度，目标速度和目标距离用于辅助司机驾驶，提前显示列车

111

车头前方对列车影响的限速点的位置及其限速值(目标速度值通常设置为前方限速点的报警速度值)。

目标速度及目标距离信息显示如图 4-22 所示,目标距离同时以数字形式和进度条形式显示。目标速度根据目标距离得出,目标速度在目标距离上方,以数字形式显示,单位为千米每小时(km/h)。目标距离状态条采用三种颜色显示:浅绿、黄色和红色,进度条颜色的显示由目标速度及目标距离共同决定。仅在 CM 和 AM 模式下才显示目标距离和目标速度,RM 模式下不显示。

3 区速度表盘显示(图 4-23),列车速度采用双备份显示,一种方式是速度表;另一种方式是数字,在速度表的中间显示列车速度值。列车速度指针由指针和指针始端的圆圈组成,这两部分的颜色均为白色。速度指针的形状显示 ,指针的长度不应触到速度表盘的刻度条。在指针始端的圆圈中,以数字方式显示当前速度。

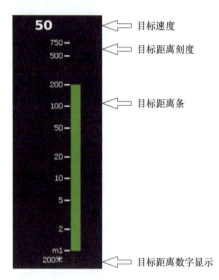

图 4-22 目标速度及目标距离信息

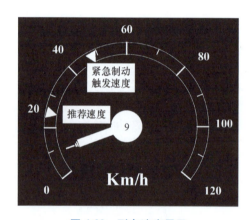

图 4-23 列车速度显示

推荐速度在速度表盘上用黑底黄色三角形显示,司机按推荐速度行车。紧急制动触发速度在速度表盘上以黑底红色三角形显示,当列车速度超过此速度时车载 ATP 将实施紧急制动。当列车速度超过报警速度,但未超过紧急制动触发速度时,会有警告符号 显示在 MMI 上,还会发出超速报警声,速度指针变为黄色填充 。在 CM 模式下,如果行车速度超过了紧急制动触发速度,则车载 ATP 触发紧急制动。速度指针变为红色填充。

正常状态下 MMI 的工作状态如图 4-24 所示。

图 4-24 MMI 正常工作状态示意图

项目四 车载列车自动控制系统维护与检修

根据 MMI 故障信息提示，可以进行以下 ATC 系统故障处理，处理方式详见表 4-11。

表 4-11 车载 ATC 设备故障处理列表

故障信息提示	故障后果	处理方式
MMI 显示 ⊠ATP	车载 ATP 主机双系均发生故障，车载 ATC 系统不能正常工作	停车后通过供电开关重启车载 ATC 设备系统 若重启后仍显示本图标，则该车应立即维修，不建议继续运营
MMI 显示 ⊠ATP	车载 ATP 主机有一系发生故障，整个车载 ATC 设备系统依然可正常工作	尽快下线维修
MMI 显示 ⊠ATO	列车最高只能以 SM 模式运行	人工驾驶列车运营
MMI 显示 ⊠BM	若当前模式处于 SM 或 AM 模式，车载 ATP 将输出紧急制动 若当前模式处于 RM 模式，不输出制动，但无法升级 SM 模式	停车后通过供电开关重启车载 ATC 设备系统，进行故障恢复 若重启后仍显示本图标，则应尽快下线维修

二、车载人机操作

1. 驾驶室激活

车载 ATC 设备上电后，操作人员可以通过打开本端的钥匙开关来激活本端的驾驶室。当驾驶室激活后，本端的 MMI 激活，显示车载 ATC 设备的状态等信息。

2. 车门操作

车门开启按钮用于车门的打开，位于驾驶室的旁边。列车没有完全停稳之前，司机不允许操作开门按钮。左门开启按钮位于驾驶室的左边，如图 4-25 所示，需同时按压图中两个红色按钮时开左门命令才生效。右门开启按钮位于驾驶室的右边，也需同时按压两个红色按钮开右门命令才生效。车门关闭按钮用于车门的关闭，车门关闭按钮在门控模式为人工开关门方式或自动开门、人工关门方式时使用。

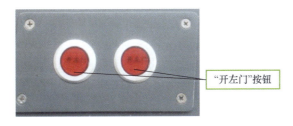

图 4-25 左门开启按钮示意图

3. 进入自动驾驶

列车升级为 CM 模式后，当 ATO 设备可用时，可以激活自动驾驶功能。当以下条件得到满足时，驾驶室两个 ATO 启动按钮/指示灯处于闪烁状态，提示操作人员可以启动自动驾驶功能：

1）列车预选模式为 AM 模式。
2）列车方向手柄为前进位。
3）牵引/制动手柄在中间位。
4）列车当前模式为 CM 模式。

当 ATO 启动灯闪烁时，操作人员确认前方线路的安全后，可以通过同时按压两个 ATO 启动按钮来启动 ATO 的自动驾驶。司机按压 ATO 启动按钮的时间不能过短，应保证观察到 ATO 启动灯由闪烁变为常亮。ATO 自动驾驶时，ATO 灯将保持一直亮灯状态以指示 ATO 的工作状态，同时 MMI 上将显示当前列车的驾驶模式，列车将由 ATO 自动驾驶到下一站或下一个红灯信号机处。

4. 退出自动驾驶

当不满足自动驾驶条件时，ATO 会自动退出，操作人员随时都可以停用自动驾驶功能并且重新获得对列车运行的控制。只要移动一下方向手柄或牵引/制动手柄就可以切除 ATO 对列车的控制。列车退出自动驾驶后，新的驾驶模式将显示在 MMI 上。

5. 车门旁路

车门旁路功能在故障或紧急时刻使用，可以切除车载 ATP 子系统对车门的监督和控制。车门旁路功能激活后，车载 ATP 将始终认为车门正常关闭且锁闭，车载 ATP 无法对列车车门进行正常的监督和控制，操作人员对车门的安全负有完全责任。当操作人员按下车门旁路按钮（非自复）时，车门旁路功能激活，MMI 上显示 ▊▊ 。当操作人员弹起车门旁路按钮，车载 ATP 恢复对车门的监控。当以下情况发生时，需激活车门旁路功能：

1）当车门系统发生故障，车载 ATP 无法采集到车门关闭且锁闭信息时。
2）当前模式为 CM 或 AM 模式，列车未在站台停车窗停准或者要打开系统不允许打开的一侧车门时。
3）当前模式为 RM 模式，需要打开车门时。

6. 折返操作

列车的折返包括驶入折返线、人工换端、驶出折返线三个过程。按照驾驶过程的运行模式以及换端是否自动完成，分为 CBTC 级别 ATO 有人折返、CBTC 级别 ATP 监督下的人工驾驶折返以及 CBTC 级别 ATO 无人折返。

在折返操作中需要注意的是：司机控制列车折返轨停车时，应按推荐速度驾驶列车停到停车点（有绿色停准标识或目标距离为 0），否则可能折返失败。司机在进行折返操作时，必须按照 MMI 上或者 AR 灯的提示进行操作，因为车载两端设备之间必须完成一定的交互，如果司机不按照提示，操作（包括按压按钮、开、关钥匙等）过快的话，可能导致折返失败。折返操作如果出现问题，将导致列车换端后降级为 RM 模式，此时需要在获得位置和移动授权后重新升级为 CM 或 AM 模式，影响列车折返的效率。

7. 车辆日检操作

1）上电后显示器的选择界面，如图 4-26 所示。
2）按"日检"按钮，出现界面，如图 4-27 所示。
3）单击 RAD1 或 RAD2 后出现 ▊▊ 为正常，▊▊ 为故障。

4）单击试闸，通过按压试闸按钮，VOBC 设备将输出紧急制动，同时 EB 状态处应显示列车"已实施紧急"，然后单击"缓解"，显示紧急制动缓解。

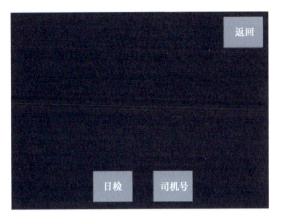

图 4-26　人机交互日检选择界面

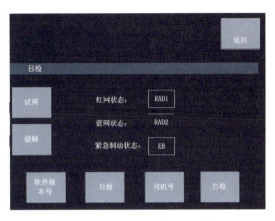

图 4-27　人机交互日检显示内容

一、MMI 电源检查

用万用表直流电压档测量 MMI 工作电源，MMI 电源检查开始前，需先确认"MMI 显示器电源"处于断开位置，待 MMI 电源线拆除（图 4-28）后，准备开始测量前，再将"MMI 显示器电源"闭合。待测试结束后，需要先断开"MMI 显示器电源"空气开关，然后再恢复 MMI 及其线缆的安装。

二、MMI 设备故障处理

MMI 设备自身的故障通常较少，当 MMI 黑屏或限速、速度显示、时间等均不变时，则表示 MMI 死机。司机应手动制动停车，停车后，司机可通过重启 MMI 设备进行故障恢复。MMI 的重启不会造成降级。若 MMI 重启后没有恢复，则应使用切除开关切除 ATP，尽快让本列车下线维修，人工驾驶列车保证行车安全。

MMI 是免维护装置，MMI 如果出现故障，则只能整机更换。按以下步骤卸除 MMI：

1）切断电源。
2）拔掉 MMI 后背面的连接电缆。
3）拧松面板上的螺钉。
4）从面板上取出装置。
5）按相反顺序来连接和插入一个新 MMI 装置。在包装和取出 MMI 前，必须戴上防静

图 4-28　MMI 电源检查

电手环，手环应可靠接地；禁止由显示屏面受力拿起 MMI；MMI 显示屏面应采用防护设施，避免显示屏表面刮伤；在临时放置 MMI 时，只允许将其放置在接地的导电平面上。

6）在重新启用 MMI 后不需要具体的措施。在插入和进行一次成功自测之后，MMI 即可启动运行。

知识拓展

北京大兴国际机场线互联互通的全自动运行系统开通运营

2019 年 9 月 26 日，北京大兴国际机场线正式载客开通运营。相比 80km/h 的一般城市轨道交通线路，新机场线列车设计速度达到 160km/h，成为全球最快的城市轨道交通全自动运行线路。大兴机场线采用了世界最高等级，具有完全自主知识产权的全自动运行系统，"白鲸号"可实现列车自动唤醒、自检、运行、休眠等全过程。

全自动运行系统受到国家发改委支持，与中国"复兴号"等一道成为我国重大装备亮点，是我国制造业竞争新优势、发展新动能。全自动运行系统（FAO）俗称无人驾驶，其核心是信号系统，交控科技所提供的自主知识产权全自动运行系统在 2017 年已在北京燕房线首次示范应用。此次开通的北京大兴国际机场线采用的是该系统的升级版——互联互通的全自动运行系统，速度更是达到 160km/h，相较于传统地铁，时速提高了整整一倍。大兴国际机场线按照互联互通的全自动运行系统标准进行建设，实现了两种不同信号系统在同一条线路上的共线运行，有利于共享资源、缓解换乘压力、提升运能和运营服务水平。大兴国际机场线也成为国内首条按照互联互通标准建设的全自动运行系统线路，为后续该系统的推广应用做出了重要示范并奠定了坚实的基础，也成为轨道交通信号系统技术发展的方向。

资料来源：搜狐网，2019 年 09 月 27 日

【学习小结】

1. 车载人机，简称 MMI，是司机与车载 ATC 设备交互的接口，一方面用于向司机显示车载 ATC 设备信息，另一方面用于司机向车载 ATC 设备发送命令。

2. MMI 用于辅助司机进行列车驾驶，它通过显示屏给司机提供清晰、直观的驾驶信息。并通过触摸屏操作辅助司机完成一系列信息录入和设备日检功能。

3. 操作人员可以通过打开本端的钥匙开关来激活本端的驾驶室。当驾驶室激活后，本端的 MMI 激活，显示车载 ATC 设备的状态等信息。

4. 车门开启按钮用于车门的打开，位于驾驶室的旁边。车门开启按钮在门控模式为"人工开关门"时使用。

5. 当 ATO 设备可用且自动驾驶条件满足，操作人员确认前方线路的安全后，可以通过同时按压两个 ATO 启动按钮来启动 ATO 的自动驾驶。

6. 车门旁路功能在故障或紧急时刻使用，可以切除车载 ATP 子系统对车门的监督和控制。

项目四 车载列车自动控制系统维护与检修

7. 按照驾驶过程的运行模式以及换端是否自动完成，分为 CBTC 级别 ATO 有人折返、CBTC 级别 ATP 监督下的人工驾驶折返以及 CBTC 级别 ATO 无人折返。

【知识巩固】

一、填空题

1. 在人机紧急制动显示区域，橙色显示表示列车当前速度超过_____时，应当施加制动，以防止列车触发紧急制动，红色表示已输出_____，示意可能发生的意外状况。

2. 目标速度及目标距离信息显示区域，提前显示列车车头前方对列车速度影响的限速点_____及_____。

3. MMI 设备维护检修时，应使用人工驾驶列车保证行车安全，并尽快让列车下线维修，且对 ATC 进行_____操作。

二、简答题

1. 请列举车载人机中包括哪些速度信息的显示，分别是如何表示的？
2. 请列举在车载人机操作中，哪些操作设计能够体现故障导向安全原则。
3. 请用流程图绘制出列车折返的操作流程。

任务四 车载外围设备维护与检修

【任务描述】

车载外围列控设备用于实现速度测量、定位以及通信功能，主要包括速度传感器和应答器天线，根据 ATC 系统需求可配置雷达、自由波天线等设备。车载 ATP 与车载 ATO 等列车运行控制核心功能的实现，离不开车载外围设备的信息采集与数据传输功能。作为信号技术人员如何对速度传感器、应答器天线进行维护与检修？

【学习目标】

知识目标	技能目标	素养目标
1. 了解常用列车速度传感器的安装与测速原理 2. 了解列车应答器天线的安装与应答器原理	1. 能够识读列车速度传感器的参数标准，对列车速度传感器进行故障诊断与检修 2. 掌握列车应答器天线的安装维护标准，能够对应答器天线进行安装调整与测试	1. 培养吃苦耐劳的品质，养成勤于观察、善于思考的习惯 2. 具备故障修复过程必备的安全和责任意识

【知识准备】

一、速度传感器

传感器是一种将非电量的变化转变为电量变化的元件,该非电量可以是压力、速度和温度等,根据转换的非电量不同可分为压力传感器、速度传感器和温度传感器等。在城市轨道交通中,列车通过测速传感器来进行速度、距离的测量已成为当前使用的主流。

在轨道交通系统中,基于轮轴脉冲速度传感器的列车测速定位方法是较为常用的测速定位方法。轮轴脉冲速度传感器是通过测量测速轮对的转速脉冲来计算列车的速度,常见轮轴脉冲速度传感器如图 4-29 所示。

图 4-29　列车速度传感器

二、应答器天线

应答器系统主要由车载传输设备和地面应答器设备组成,其中车载设备主要有 BTM(应答器传输模块)、车载天线单元、LEU(轨旁电子单元),LEU 属于轨旁信号设备。应答器天线(图 4-30)安装于列车转向架上,与列车中心线对齐。

图 4-30　应答器天线

列车底部的应答器天线不断地向地面辐射 27MHz 的电磁波。当地面应答器进入车载天线的有效作用范围内,通过电磁感应作用,为应答器工作提供能量。应答器被激活后随即将报文进行 FSK 调制后,反向发送给车载天线。车载天线接收 4.3MHz 的上行链路信号,再将接收到的上行链路 FSK 信号传送给 BTM,进行滤波、解调、校验、译码等一系列处理后,形成准确的应答器报文,给列控车载计算机提供列车传递定位坐标和区间路线信息,如曲线半径、坡度、线路长度和限速等信息。

应答器天线是应答器的内部接口，是地面应答器与车载设备之间的空气间隙接口，如图 4-31 中的接口"A"，用于实现车载与地面应答器之间的车-地信息交互。

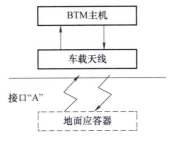

图 4-31　BTM 系统构成

应答器系统在实际应用过程中时常会出现丢点、应答器报文不一致等问题，可以通过对应答器天线的维护提高应答器系统的传输性能，对应答器接口进行性能改善，保障列车的安全行驶。

一、速度传感器故障诊断与检修

每个头车安装两个光电测速测距传感器，它们分别位于两个独立的转向架非同侧车轴上（前后成对角线）。前后传感器均采用三通道光电传感器。车辆制造时，应预留测速测距传感器的安装位置。

每个传感器有多路通道，每个通道有正电源、负电源、信号线 3 条引线，连接到航空插座上。传感器与 ATP 主机之间通过多芯屏蔽电缆相连。两个测速传感器的传输电缆相互独立，分别引入车载 ATP 机柜中。车辆制造时，应同时安装测速传感器及带屏蔽层的多芯连接电缆。速度传感器常见故障诊断与检修详见表 4-12。

表 4-12　速度传感器常见故障诊断与检修

编号	故障源	故障表现	建议处理措施
1	供电模块异常	其中一块测速板电源指示灯 01 灯不亮	更换该板卡
		4 块测速板电源指示灯均不亮	检查 ATP 电源板 24V2 灯是否常亮 检查接口层速度入板是否正常 检查 X2 和 J2 连接是否完好
2	工作指示灯	其中工作指示灯 02 灯不亮	更换该板卡
3	传感器断线	列车运行过程中，某一路速度脉冲指示灯（06~10 灯）不亮，列车紧急制动	检查 X11、X12 配线 若配线完好，联系车辆方检查车辆侧传感器是否正常
4	CAN 通信 1 异常	其中一块测速板指示灯 11 灯不亮	更换该板卡检查是否正常；若不正常，则联系设备厂家解决
5	CAN 通信 2 异常	其中一块测速板指示灯 12 灯不亮	更换该板卡检查是否正常；若不正常，则联系设备厂家解决

速度传感器维护对照确认表详见表 4-13。

表 4-13 速度传感器维护对照确认表

步骤	要求	是否满足要求
1	检查传感器是否有测试记录，并且具有轴箱盖密封垫片	
2	传感器舌轴四周具有润滑油	
3	传感器是否紧固在列车轴箱盖法兰盘上	
4	传感器自带电缆的最小弯曲半径，不小于 165mm	
5	传感器连接电缆的插头，与列车安装架上传感器尾缆插座对接是否紧固	

二、应答器报文传输故障诊断与检修

1. 应答器天线维护要求

设备上电后，应答器天线具有定向 27MHz 辐射，非相关技术人员需保持 1m 间距，维护人员完成维护工作后也需尽快远离天线。应答器天线定期维护要求如下：

1）定期清理天线表面异物，检查外壳是否有划伤及裂纹。

2）定期检查天线紧固件及其配件的牢固程度，如螺母及螺栓是否有松动、断裂或脱落现象，各个配件的磨损程度等。

3）定期检查天线接口是否有松动、破损和错位现象，螺纹有无磨损等。

4）定期检查天线电缆天线端插接器有无损伤、松动。

5）定期检查天线电缆有无破损、刮伤，走向是否自然顺畅，不应出现较劲（如反扭矩）现象。

6）定期检查天线护管有无裂纹、磨损、刮擦、破损、变形，固定是否牢靠，走向是否自然顺畅等。

7）定期检查护管插头是否连接完好，有无松动，内部有无水渍、破损等。

2. 应答器天线安装要求

应答器天线电缆长度设置时根据现场应用决定，必须确保电缆走线尽量保持顺直，尽量少有盘圈交叠，需整齐放置在机柜旁侧。

1）必须满足 BTM 主机、车载天线的安装空间要求，设备安装牢固。

2）BTM 部件应距离强电磁干扰区域（如空调、变压器、牵引电机及其电缆等）不小于 1m。

3）电缆按规定布线，敷设整齐良好。

4）电缆走线必须避开强电磁干扰区域，如空调、变压器、牵引电机及其电缆等；当电缆走线必须与强电设备电缆交叉时，应采用垂直走线。

5）电缆必须使用防护软管（如金属蛇皮管）进行防护，以避免电缆绝缘外皮损伤。

6）安装布线时，将电缆与机车固定点捆绑牢固，不得悬空、受力，防止机车在高速运行中，产生剧烈振动对线缆造成疲劳性损坏，以确保线缆的正常使用寿命。

7）天线电缆长度应根据应用需要确定，电缆走线时尽量保持顺直，安装完毕的天线电缆应尽量少的盘圈并放置在机柜侧。

8）如果天线安装位置列车电磁干扰较大，超过要求指标 6dB，使用连接天线接地簧片，将天线屏蔽板接地。

先准备好安装工具，按照以下要求，将应答器天线安装在正确的位置（图 4-32）。

1）车载天线中心与列车中心线对齐。

2）若必须在一个机车上安装 2 个车载天线，则 2 个车载天线之间的距离须大于 4m。

3）安装 BTM 的位置，干扰的磁场区强度的频率范围为 2.5MHz～6.0MHz 时，需低于 47dBμA/m。

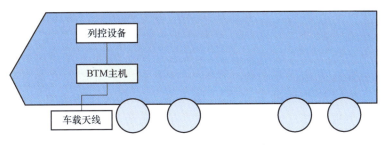

图 4-32　车载天线安装位置示意图

3. 应答器天线故障诊断

应答器传输车载部分主要包括应答器主机 BTM 与应答器天线，在维护中需要检查 BTM 主机工作电源，打开 VOBC 机柜侧门，用万用表直流电压档依次测量端子排处 BTM 插箱工作电源（图 4-33），测量方法及参考指标见表 4-14。

图 4-33　VOBC 侧面端子排电压测量

表 4-14　BTM 插箱工作电压标准

测量项目	测量方法	参考指标
BTM 插箱工作电压（DC110V）	用万用表直流档测量端子排：30 端子（110V+）和 32 端子（110V−）电压	DC77～137.5V

知识拓展

信号检修工——守护线网安全的"神经外科医生"

清晨准点守候，深夜无声陪伴，一趟趟疾驰的电客车让我们感受着地铁带来的安全、迅捷与便利。你或许也曾发出过疑问，列车抵达终点如何折返？平行的钢轨上，它们如何实现转弯？

这些操作的顺利实现，离不开地铁正线信号的指引，离不开这群昼伏夜出的"夜行侠"——信号检修工。他们的身影总是在地铁停运后、万家灯火逐渐熄灭时，才出现在城市的地下。身背数十斤的工具包，漫长隧道是他们征战的主场，严谨细致是他们必备的素养，他们就是保障地铁安全运营的幕后英雄。地铁运营尚未结束，信号检修工就已经开始了紧张的准备。工器具、备品备件、材料、仪表、通信工具等数十项物料，逐一清点确认。所有作业的检修人员参加施工班前会，学习施工方案，重温安全卡控措施，逐项掌握作业风险点。每一处提示都至关重要，每一个细节都不容闪失，"严谨""严格""严禁""确保"，这些严苛的字眼，在安全技术交底中频频出现，字字铿锵。清晨5点，破晓！太阳初升。信号灯开放，区间设备运行顺畅，第一辆列车即将驶出车辆基地，信号检修工的身影穿梭在车站机房、出入段线与车辆库区，他们必须反复确认信号设备一切正常。随着列车第一声笛鸣响彻晨曦，第一列电客车送车检查顺利完成，信号检修工作方告一段落。各趟列车按计划出库缓缓向正线开去，这是信号检修工每天内心最满足的时刻。

资料来源：长沙地铁搜狐官方公众号，2022年05月30日

【学习小结】

1. 在轨道交通中，列车通过测速传感器来进行速度、距离的测量已成为当前使用的主流。轮轴脉冲速度传感器是通过测量测速轮对的转速脉冲来计算列车的速度的。

2. 应答器系统主要由车载传输设备和地面应答器设备组成。其中，车载设备主要有BTM（应答器传输模块）、车载天线单元、LEU（轨旁电子单元）。

3. 列车底部的应答器天线不断地向地面辐射27MHz的电磁波。当地面应答器进入车载天线的有效作用范围内，通过电磁感应作用，为应答器工作提供能量。

4. 应答器天线是应答器的内部接口，是地面应答器与车载设备之间的空气间隙接口。

5. 站台精确停车是由车载ATO自动驾驶列车完成。如果列车速度传感器测速不精确，或车载应答器定位不准确，都会导致车载ATO停车出现误差。

6. 应答器天线电缆长度设置时，根据现场确保电缆走线保持顺直，少有盘圈交叠，整齐放置在机柜旁侧。

7. 车载应答器天线中心与列车中心线对齐，须在一个机车上安装2个车载天线时，2个车载天线之间的距离须大于4m。

一、填空题

1. 基于轮轴脉冲速度传感器的列车测速定位方法是较为常用的测速定位方法，轮轴脉冲速度传感器是通过测量_____来计算列车的速度。

2. 应答器天线安装于列车转向架上，与列车中心线对齐。应答器天线不断地向地面辐射 27MHz 的_____，通过_____作用，为地面应答器提供能量。

3. 应答器天线电缆长度设置时根据现场应用决定，必须确保电缆走线尽量少有_____，需整齐放置在机柜旁侧。

4. 如果应答器天线安装位置列车电磁干扰超过要求指标，使用连接天线_____，将天线屏蔽板接地。

二、简答题

1. 请简述速度传感器的测速原理。
2. 请说明车载应答器的功能及其安装要求。
3. 请列举至少 3 个速度传感器可能的故障及其对应的维护方法。

项目五

全自动列车运行控制系统认知

项目五　全自动列车运行控制系统认知

【情境导入】

国内许多城市都在建设城市轨道交通网络，对于人口在千万级别以上的特大城市，其发展往往是跨越式的，对城市轨道交通在互联互通、安全、快捷、舒适性方面具有更高的要求。许多大城市如上海、北京和广州均计划采用先进的、高可靠性的、高安全性的基于 CBTC 控制的全自动运行控制（Fully Automatic Operation，FAO）系统来达到以上要求。列车全自动运行系统依托于各专业先进技术的融合，信号控制技术的提升是全自动列车运行控制系统最重要的技术保障之一，信号控制在全自动运行控制系统中起到了最为核心的作用。

任务一　FAO 系统认知

【任务描述】

全自动运行控制系统保证线路列车的有序运行，还确保了乘客和运营人员的安全，完全实现了运营全过程（包括各种运行工况）的自动防护。如此智能的 FAO 系统是如何发展演变而来的？FAO 系统除了具有列车控制功能，还具备系统监测联动功能、故障管理功能、乘客监督和管理功能等，FAO 系统与 CBTC 系统相比有何特点呢？

【学习目标】

知识目标	技能目标	素养目标
1. 了解 FAO 系统的发展，识别 GoA0 到 GoA4 的特点，掌握 DTO 和 UTO 的区别 2. 了解 FAO 系统列车运行功能，列车运行控制等级及其转换方法	1. 能够绘制 FAO 系统结构图，并识别 FAO 系统新增功能与设备 2. 能够说出 FAO 系统相比 CBTC 系统在车载、轨旁及中心分别有哪些新增设置	1. 培养学生具有爱岗敬业的职业品质以及专业认同感 2. 培养学生认真仔细、精益求精、耐心专注、勇于创新的工匠精神

【知识准备】

一、FAO 系统的发展

对于 FAO 系统的研究起步于 1971 年，法国在 1973 年完成了原型机的研制，世界第 1 条无人驾驶城市轨道线路于 1983 年在法国开通，第 1 条钢轨干线无人驾驶线路于 2005 年在新加坡开通运营。巴黎 1 号线是由有人驾驶改造为无人驾驶的线路，是第 1 条完成无人驾驶改造的线路。我国自主研发信号产品的发展见表 5-1。

表 5-1 我国自主研发信号产品的发展

年限	自主研发信号产品
2020	自主虚拟联挂系统 AVCOS
2018	互联互通的全自动运行系统
2017	智能障碍物检测
2016	基于车-车通信的列车运行控制系统
2015	面向网络化的互联互通 CBTC 系统
2014	全自动运行系统
2011	以行车为核心的综合自动化
2010	亦庄线 CBTC 示范工程开通

列车自动控制系统可以划分为 GoA0～GoA4 五个等级，五个等级是以人工干预驾驶的程度以及自动控制的等级进行划分的。其中 GoA0 是纯人工驾驶，不属于自动驾驶系统的范畴。CBTC 属于 GoA2 等级，属于自动驾驶加上人工干预的模式，通过 ATO 自动驾驶列车运行，站台可通过人工进行开关车门，通过人工监视的模式驾驶列车运行。GoA3 和 GoA4 统称为全自动运行系统，GoA3 的控制方式是部分手动，而 GoA4 是全自动的运行控制系统。目前，中国的全自动运行列控产品均按照 GoA4 建设。

在 GoA3 和 GoA4 中引入了表示有人值守的 DTO 和无人值守的 UTO。DTO 是司机在列车上但并不去驾驶列车，起到监察的作用，即有人值守下的列车自动运行，即是有司机监督下的 ATO 驾驶。UTO 是无人值守，是列车驾驶室舱门锁闭，为无人值守下的列车自动运行，自动化等级为 GoA4。

全自动列车运行控制系统，极大保证了列车与乘客的安全；减少了维护管理车辆驾驶人员数量，提高了运输效率；有效降低了运营成本，提高了系统的自动化程度，将人员从重复作业中解放出来。

二、FAO 系统功能

FAO 系统是整体的、全系统的配合联动，是多系统间联动，主要具有监控功能、控制权切换功能、远程人工驾驶功能、车辆监督功能、应急联动功能。

1. 监控功能

FAO 系统实现列车在不同场景，包括自动唤醒、自测试、自动出入车辆段、全自动驾驶、车站定点停车、自动发车、自动折返、自动洗车、自动应急联动等全过程的自动监控，同时对全过程中乘客状况、车厢状态、设备状态进行监视和检测，对列车各系统进行自动诊断。除了以上正常运行场景中的监控，还包括车辆远程监督、对列车设备的远程操作以及对列车故障的远程处理。车辆远程监控功能主要实现车辆关键设备状态监视及故障报警，对列车设备包括照明、停放制动、受流器、空调/电热等进行操作，对列车故障进行远程处理（包括远程旁路、故障复位、火灾确认与复位等）。

2. 控制权切换功能

对于 FAO 系统，中心对运营组织的管理功能加强，在运营组织上增加紧急情况下预案处理功能和措施，需要对整个轨道交通的系统进行综合整合，保证信号、通信、供电、防灾报警、站台门等系统有机结合使之协调工作。

如图 5-1 所示，CBTC 系统在中心故障后，可以将控制权下放至车站通过 ATS 分机控制，FAO 系统也具备车站级控制，当主备 ATS 都故障时，可以切换至车站级控制维持列车的 FAO 系统运行；如果车站级再发生故障，将降级使用 IBP 盘现场控制列车运行，通过控制紧急关闭按钮等一系列相关的操作进行现场设置。

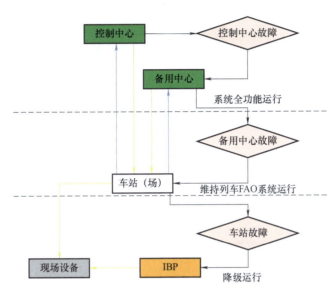

图 5-1　FAO 列车运行控制等级

3. 远程人工驾驶功能

FAO 系统具有 RRM（Remote Restricted Train Operating Mode），即远程人工驾驶模式，与 CBTC 系统中的 RM 模式相对应。列车降级 RRM 的条件同 CBTC 系统降级 RM 一致，对于 FAO 系统，RRM 模式需要由中心调度确定前方区段的空闲状态，列车运行过程中结合列车障碍物检测设备进行防御，进一步确保列车前方是否存在障碍物。

如果区间运行过程中降级 RRM，就需要司机上车进行驾驶，将非常影响效率，因此中心通过 VOBC 确定列车所处位置运行前方是否有障碍物，如果前方直至站台均处于空闲状态，中心即可命令列车在没有移动授权防护的情况下继续运行。

4. 车辆监督功能

FAO 系统的列车还增加了障碍物自动检测功能，由过去的人工瞭望并负责应急处理转换为增设障碍物检测装备（图 5-2），发生异常时系统紧急停车，并联动地面 ATP 进行防护。

5. 应急联动功能

FAO 系统设置了对应急事件的自动联动处理。例如，当列车发生火灾、车门状态丢失、紧急手柄激活或车辆制动故障等情况发生时，不需要人工干预，系统自动处理或者是由人工远程控制，并联动地面设备以及 PIS、VMS 系统。

❖ **想一想**：FAO 系统的成功应用离不开哪些关键技术的自动化发展？

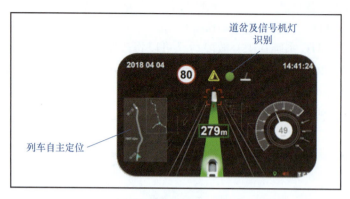

图 5-2 障碍物检测装备（通过视觉与雷达走行区域主动感知）

三、FAO 系统组成

FAO 系统包含了 CBTC 系统中的全部组成，按照功能可分为列车控制和信息传输两大部分。其中列车控制部分为 ATC 系统，包括 ATP、ATO、ATS 3 个子系统，完成列车状态信息以及数据信息的处理，并控制列车运行；信息运输部分采用无线通信系统，进行连续双向的车-地通信，完成列车向地面控制设备传递列车的位置、速度以及其他状态信息。FAO 系统与 CBTC 系统相同，按照设备摆放地域分布，可以划分为中心、轨旁、车站、车载 4 部分，如图 5-3 所示。

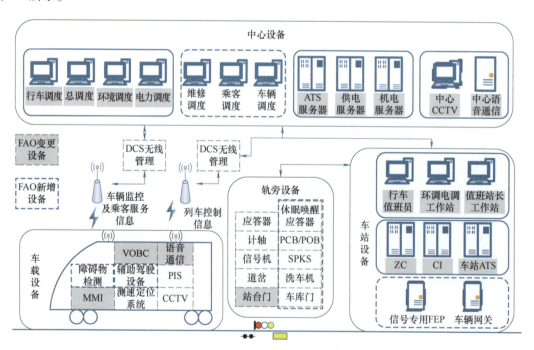

图 5-3 FAO 系统组成

1. 中心设备

中心设备主要有中央列车自动监督系统、电力 SCADA 系统和综合监控系统。区别于 CBTC 系统，FAO 系统还新增了乘客调度、车辆调度以及维修调度，除此以外，还包括总调度、环境调度、电力调度、行车调度。FAO 系统是一个多系统集成的整体架构，在 CBTC 系统只需要通过行车调度进行联动，但在 FAO 系统中还需联动总调、环境调度及电力调度进行集中调度。FAO 系统全自动运行的核心设备即包括车辆调度，FAO 系统列车上取消司机后，就改由车辆调度执行以往司机的职能，包括车辆信息的监控以及对车辆进行的操作，例如照明控制、空调控制等。通过车辆调度，可以看到车辆上的实际情况，对车辆进行远程操控。

2. 轨旁设备

轨旁设备除了原有的信号机、转辙机、车-地信息传输轨旁设备等基础设备，在 FAO 系统中，还新增了用于车辆休眠唤醒的应答器设备、车库门控制器、人员防护开关以及洗车机控制轨旁装置等。其中，FAO 系统中全自动运行的核心设备为车辆休眠唤醒应答器，通过该应答器，车辆可以做到自动休眠和自动唤醒功能。轨旁设备在 CBTC 系统基础上还新增了 SPKS、PCB、POB 等防护按钮，SPKS 按钮用于对轨道全封闭区段进行防护管理，PCB、POB 是列车车门管理按钮。同时，车库门的开关以及洗车机的操作都是通过控制系统接收轨旁信号后自动开启与关闭。轨旁设备自动检测如图 5-4 所示。

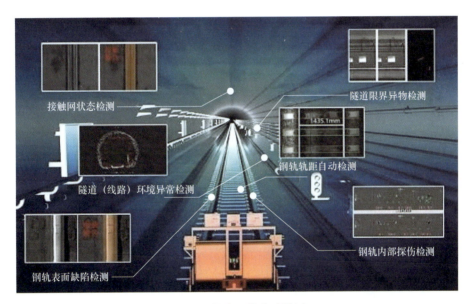

图 5-4 轨旁设备自动检测

3. 车站设备

车站设备包括区域控制器、车站 ATS 子系统、联锁 CI 系统与车站综合维护系统等。区别于 CBTC 系统，FAO 系统还包括车辆网关、信号专用 FEP 等。车辆网关用于配合中心车辆调度。信号专用 FEP 主要用于车门对位隔离功能，在 CBTC 控制的线路中，如果某一个车门或站台门由于故障或其他原因不在控制范围时，整列车的站台门和车门都需进行防护。FAO 系统中，通过信号专用 FEP 丰富的接口实现了每一扇车门和每一扇站台门的逐一管理，通过信号专用 FEP 可以实现车门和站台门一一对应的管理功能，保护乘客安全的同时实现更高效的运营。

4. 车载设备

车载设备包括车-地无线接收/发送单元、车载 ATP/ATO 设备、列车测速、列车定位系统等，设备功能与 CBTC 系统基本一致，但对 FAO 系统的功能和安全性要求显著提高，对设备的可用性及应急预案处理的要求标准也大大提高。FAO 系统中还增加了障碍物检测设备以及辅助驾驶设备。

1）障碍物检测装置包括主动检测装置与被动检测装置。主动障碍物检测指通过雷达、摄像头等识别装置，在一定范围内识别障碍物的存在。被动检测装置通过接触感知障碍物的存在，通过碰撞第一时间反馈障碍物的存在。

2）辅助驾驶设备是 FAO 车载增加的核心组成，在车辆断电以后，其他信号设备还没上电之前，通过辅助驾驶设备对车辆以及车载设备进行休眠和唤醒。辅助驾驶设备需 24h 带电运行，通过蓄电池供电，当系统休眠以后，通过辅助驾驶设备唤醒系统其余设备，以唤醒整列车上电运营。

在 FAO 系统中，车载通信控制部分在传统轨道交通通信系统配置基础上，增加中心对列车上的电视监控系统、广播系统和应急电话系统的控制接口，使控制中心能实时监控列车和旅客的状态，保证在紧急情况下能与旅客进行直接通信。

四、FAO 系统特征

FAO 系统特点主要表现在以下几个方面：

1）要求各专业必须高度自动化、系统之间深度集成：以行车为核心，信号与车辆、综合监控、通信等多系统深度集成，提升轨道交通运行系统的整体自动化水平。具体体现在列车上电、自检、段内行驶、正线区间行驶、车站停车及发车、端站折返、列车回段、休眠断电和洗车等全自动控制。

2）全自动等级向下兼容：即按 GoA4 等级建设的线路可以按 GoA2 或 GoA3 模式运营。一般 GoA4 等级的线路在开通初期均按 GoA2 或 GoA3 等级运营一定的时间，在通过各项安全性指标评估、考核，运营模式适应后逐步过渡到 GoA4 等级运营。

3）具备更加完善的安全防护，采用充分的冗余配置：信号在既有设备冗余的基础上，增强了冗余配置，包括头尾终端设备冗余、ATO 冗余配置、车辆接口冗余配置等。车辆加强了双网冗余控制，增加与信号、PIS 的接口冗余配置等。

4）实现列车运行全过程的安全防护、增强运营人员防护功能：在车站及车辆段增设人员防护开关，对进入正线及车场自动化区域人员进行安全防护；增强乘客防护功能，对乘客上下车及车内安全进行防护；扩大了 ATP 的防护范围，车场自动化区域内列车运行进行 ATP 防护；增加了轨道障碍物检测功能，车上加装脱轨/障碍物检测器实现轨道障碍物检测功能；增加应急情况下的各个系统联动功能，如火灾情况下的通风、行车、供电、广播和视频的联动等。

知识拓展

深圳首班"无人驾驶"地铁列车发车

2021 年 12 月 28 日，深圳地铁 20 号线正式迎来通车运营。随着首班列车的开行，标志着深圳市大空港新城片区迈入"地铁时代"。地铁 20 号线作为深圳市首条全自动驾驶线路，首次采用了 A 型 8 节编组的全自动驾驶列车，列车最高运行速度可达 120km/h。全自动驾驶功能主要体现在：在无须司机操作的情况下，列车可自动完成唤醒、休眠、上线运行、进出站和开关门等一系列"常规操作"。

据悉，20号线列车是全球首条采用TACS系统（基于车-车通信的列车自主运行信号系统）实现载客运营的线路，作为行走的"地铁医生"，车辆配备了健康管理、隧道检测、弓网检测、走行检测和主动防撞等多项综合检测系统。

目前，国内地铁线路普遍采用的CBTC系统需要通过列车与轨旁的通信，来保证行车安全和列车间安全间隔防护。有别于此，启骥TACS系统通过车与车之间的直接信息交互，以"车-地联锁"和"车-车通信"实现列车自主资源管理和主动间隔防护，更加安全、高效、灵活、经济，且更易于部署。

深圳地铁20号线是卡斯柯在深圳参建开通的第6条地铁线路，也是深圳地铁与卡斯柯携手创造的又一个标杆性项目。在该项目中，卡斯柯还承担着一致性协调方的责任，统筹管理信号以及其他核心专业，使信号、车辆、综合监控、通信等机电系统高度集成、协调运作，以专业的知识和经验保障了项目的顺利推进与完美收官。

资料来源：搜狐网，2021年12月29日

【学习小结】

1. 列车自动控制系统可以划分为GoA0～GoA4五个等级，五个等级是从人工干预驾驶的程度以及自动控制的等级进行划分的。

2. DTO是有人值守，司机在列车上但并不去驾驶列车，起到监察的作用；UTO是无人值守，是列车驾驶室舱门锁闭，为无人值守下的列车自动运行。

3. FAO系统确保运行中列车的安全、乘客和运营人员的安全，实现运营全过程（包括各种运行工况）的自动防护。

4. FAO系统列车控制功能主要增加了车辆自动休眠唤醒、过标回退、自动出入库、自动洗车车辆管理以及工程车管理等。

5. FAO监测系统联动主要包括障碍物自动检测、站台门防夹、工作人员防护、烟火报警联动以及牵引供电联动等。

6. 故障管理功能主要包括牵引制动故障、车门站台门故障处理、远程复位、蠕动模式、列车救援和备份等。

7. 乘客监督和管理主要包括乘客紧急手柄和紧急呼叫的监督管理以及对逃生门的控制等。

【知识巩固】

一、填空题

1. GoA3和GoA4的区别在于_____司机不参与驾驶作业，起到监视的作用，而_____是全自动的运行控制系统，不设置司机。

2. _____是替代司机驾驶列车运行，保证列车平稳、准点且节能运行，并实现精确停车功能；而_____不只是驾驶的概念，是整体的、全系统的配合联动。

3. CBTC系统在中心故障后可以将控制权下放至车站通过_____控制。FAO系统中心ATS应用服务器是采用一机多备的运行方式。如果当前主用的ATS服务器故障时，首先切

至_____中心 ATS，如果备用中心仍然故障，可切换至_____维持列车的 FAO 系统运行。

二、简答题

1. 简述 GoA4 概念，说出传统 CBTC 系统与 GoA4 的差别。
2. 简述 DTO 和 UTO 的区别，列举至少 5 个 UTO 技术特点。
3. 简述我国城市轨道交通列车自动控制系统从起步发展至中国自主化 FAO 系统经历了哪些系统阶段。
4. 请列举具体的运行场景来阐述 FAO 系统的功能特点。
5. 分别从车辆、轨旁、中心、车辆段 4 个区域，简述 FAO 系统的结构特点。

任务二　FAO 系统关键技术认知

【任务描述】

FAO 系统整体的设计需要统筹车辆、通信、信号、综合监控、供电等诸多方面来进行专业设计。FAO 系统建设对各专业提出了哪些技术要求？FAO 系统是如何实现运营全过程监控的？

【学习目标】

知识目标	技能目标	素养目标
1. 了解全自动列车运行系统运行控制、运营管理高度集成化的特点 2. 了解 FAO 系统新增功能的实现过程	1. 能够分别从车辆、轨旁、中心、车辆段 4 个方面，简述 FAO 系统新增设计 2. 能够通过 FAO 系统设计，分析 FAO 系统是如何实现故障导向安全的	1. 培养学生的信息处理能力，能够适应互联网时代的变化 2. 提升学生爱国主义情怀和精益求精的工作态度

【知识准备】

一、FAO 系统要求

1. 人员职能转换

FAO 系统相比 CBTC 系统具有运行控制运营管理高度集中化的特点。在运营方面，首先是原来通过司机处理的故障以及司机对列车控制的职能，转变为由控制中心调度员直接处理和控制列车运行。这就意味着中心调度人员需要增加相应的岗位，其职能也相应增加，中心对列车信息的识别判断以及远程控制的能力要求提升。

2. 系统同步建设

FAO 系统在项目前期设计阶段，就需要做好全自动运行目标的设定，例如 DTO 或 UTO 的设计目标。根据不同的自动化程度，逐步提高或增加对电力监控系统、环境与设备监控系统、广播与 CCTV 系统、乘客导向系统、火灾自动报警系统以及门禁系统等各大子系统的指标及功能要求（图 5-5）。

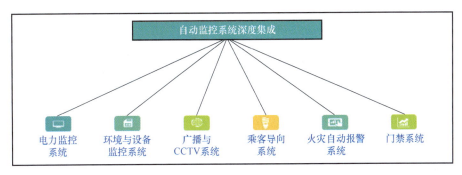

图 5-5　FAO 自动监控系统集成关系

在前期建设过程中，必须结合运营管理系统设计进行规划建设。整体规划设计在后期无法变更，尤其土建设计，对系统将来运营的自动化程度起到决定性作用。从场景入手，提取所有与整体规划设计有关的因素，例如停车库的形式、检修库的长度，根据无人驾驶系统对安全防护方式的距离要求设定。对于车辆段全自动区域和非全自动区域的划分以及转换轨的设计，需要考虑车辆运作的便捷性，考虑人员进入无人区的地下或地上通道，设置列车意外冲出线路末端，造成车辆和设施损坏的缓冲车挡等。

3. 车辆接口要求

FAO 系统对车辆接口也提出了更高的要求。对于列车的蠕动模式、防过充等功能，需要车辆提供独立的制动系统接口。针对站台门、车门的对位隔离功能，不仅对车门的设计提出更高要求，更需要车辆与车门之间具备更精细的接口。车辆的多数接口需要通过与 TCMS 的信息交互实现。车辆检测设备与信号设备的接口也提出了更高的要求，包括车辆障碍物检测装置、车门站台门异物探测、烟火探测以及异物入侵检测等，这些车辆检测设备，它的可靠性和安全性都需要依赖于信号系统的响应程度。

4. 信号系统设计

（1）运行模式设计　在运行模式方面，保持 CBTC 原有的列车自动驾驶模式（AM）、列车自动防护下的人工驾驶模式（CM）、限制人工驾驶模式（RM）和非限制人工驾驶模式（EUM），在非自动控制区域内列车采用 RM 模式或 EUM 模式运行。全自动列车运行系统新增加了全自动驾驶模式（FAM）、蠕动模式（CAM）以及远程人工驾驶模式（RRM）等。模式之间转换的规则需在前期进行详细的设计。

（2）场段信号设计　FAO 新增信号方面的设计主要包括列车的自动休眠唤醒、自检、静动态测试以及段场内的自动驾驶。原 CBTC 通过司机按压休眠唤醒按钮对列车进行休眠唤醒，FAO 中列车通过触发信号使列车自动进行休眠唤醒。自检以及自测试由过去的人工操作变为按照指令自动触发。

场段内的列车驾驶按照运行计划自动进行，从在早间送电由人工上电变为系统上电、由人工开关车库门，变更为自动触发打开或者关闭车库门。在车库以及车辆基地内运行的时候，由人工驾驶列车出库以及人工驾驶列车在车辆基地内运行,变更为根据计划自动出库(图5-6),并控制列车在车辆基地内自动运行。在驾驶列车回库的过程,系统判断运营计划结束后自动控制列车运行回库。

FAO系统信号设计还需包括全自动洗车设计,全自动洗车综合配备洗车机的联动功能,列车根据洗车计划,自动触发进入洗车机,通过与洗车库的交互实现全自动洗车。

图5-6 车辆段列车自动整备出库

(3)车门对位调整 FAO系统增加了对位调整功能,站台门车门对位调整指的是站台作业自动控制列车精确停车但停车不精准时,采用自动小距离移动的功能进行对标停车。在FAO系统中的跳跃功能也就是列车运行至站台需要对标停车的时候,如果发生过标或者欠标时,车载可以控制列车缓慢地移动一定距离,使得列车不至于过标或欠标,保证车门与站台门的对准。

(4)车门站台门对位隔离 车门和站台门的对位隔离(图5-7)指的是某一个车门或者站台门发生故障后,对应的站台门或车门不被打开。通过单独控制某一对车门和站台门,不影响其他车门打开或关闭,乘客可以通过其他未发生故障的车门和对应的站台门上下车。

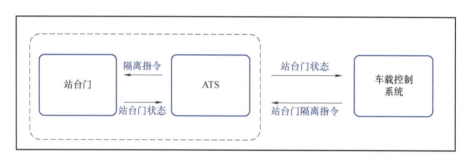

图5-7 车门和站台门对位隔离设计

(5)全自动列车运行场景 全自动列车自动控制系统可根据场景的不同,切换至不同的运行模式。全自动运行场景通常可以分为正常场景、非正常场景以及应急场景,其中正常场景是从列车唤醒至列车运行、再到列车休眠期间的多个每天必经历场景,非正常场景指的是FAO系统设备异常导致的情形,应急场景是因为外界环境的一些突发变化而导致的、需要系统进行应急处理的场景。

1)场景划分。正常场景可划分为早间上电、列车唤醒、出库、进入正线轨道运行、进站停车、站台发车、跳停扣车、折返换端以及回库后的清扫、日检、洗车、休眠12个过程。非正常场景包括站台门车门故障、开关门控制故障、车辆制动系统故障、紧急制动缓解故障、列车设备状态监控故障、远程紧急制动故障、远程广播故障、故障复位控制异常等。应急场景包括车辆火灾、站台火灾、雨雪模式以及紧急呼叫等。

2)场景转换。系统按照自动检测获取列车运行状况,切换至相应的场景模式运行。例如,检测到雨雪湿滑天气条件下切换至雨雪模式运行,自动增加列车防护距离,减小列车的制动力与牵引力度,尽量避免空转打滑的情况出现。对于设计过程中没有考虑到的场景,在运行过程极有可能导致危险发生，尤其对于非正常场景与应急场景，更需在设计阶段考虑周全。FAO 系统场景设计使其在运行过程中，系统能够自动识别并进行应急处理，确保故障导向安全。

二、FAO 系统新增设置

1. FAO 系统中心新增设置

丰富的中心功能是 FAO 系统的一大特色。中心新增的需求主要包括列车全自动运行的全面监控、各设备系统检测与维护调度、面向乘客的远程服务、车辆调度及乘客调度、车辆设备远程控制、对各专业领域的维护调度。

（1）中心车辆调度 车辆调度是全自动运营中心新增功能。车辆调与行车调度的区别在于，车辆调度对列车进行非安全性的相关操作，对于行车控制的工作与 CBTC 系统相同，在行车调度上完成。车辆调度通过 ATS 直接对车辆下达指令进行车辆控制。而行车调度是通过对 VOBC 下达指令进行行车控制。车辆调度主要包括以下功能：

1）通过车辆调度实现关键设备的监控及故障报警。过去在车上能够看到的车辆报警以及车载信号系统的报警，在 FAO 系统中都可以通过控制中心在车辆调度进行监控。车辆网关是地面的承载设备，车辆相关信息首先通过车辆网关，再通过 ATS 骨干网最后传输到车辆调度，即可在车辆调度看到关于列车上关键设备的状态监视以及报警信息。

2）车辆调度的另一功能是可以对车辆设备进行操作，具备列车控制功能，在中心即可完成过去司机在司机室进行的操作，包括对车辆空调照明的控制以及施加牵引制动的控制等。车辆调度可以在适当的时候打开空调、照明等设备，这是 CBTC 系统所不具备的远程控制功能。车辆调度的控制还包括对受电弓控制，轨旁受流器的控制等。

3）车辆调度可实现对远程故障的处理，例如故障复位、故障确认等，即当列车非行车控制相关的功能发生故障的情况下，通过车辆调度对相应的设备进行隔离或者自动复位。例如，远程故障复位功能的实现，可以通过车辆调度使断路器开合一次，通过自动复位实现故障设备的修复，不需人为更换。若车辆调度通过隔离或者自动复位未能修复故障，系统将控制列车停至站台，令维修人员上车修复。

（2）中心乘客调度 乘客调度是由车辆上取消司机与司乘人员而衍生出来的服务调度。通过乘客调度实现应急情况下调度人员与乘客信息的交互和信息确认，是服务于乘客的功能。通过乘客调度可以远程与乘客进行交互，在紧急情况下对广播、PIS 等进行控制，当乘客拉起紧急手柄或发起紧急呼叫时，通过乘客调度可以回复紧急呼叫以及对紧急手柄按钮进行确认，也可向车辆发送远程广播进行紧急播报，实现乘客与中心的信息交互。

（3）中心维修调度 维修调度可实现供电、机电、信号、车辆各专业的维护调度功能，例如当 VOBC 发生故障，对于无人驾驶列车，维修人员不能立即上车进行故障处理。取而代之，VOBC 将故障发送至中心维修调度进行故障复位处理，FAO 系统车载设备大多设计有一键修复功能，故障即可通过维修调度故障复位完成修复，故障修复后即可自动升级 FOM 模式恢复正常运行。如 VOBC 故障未能远程修复，则需降级运行将列车停至指定位置，下令维修人员进行人工维护。

2. FAO 系统车辆新增设置

（1）车载新增装置 车载新增装置主要包括辅助驾驶设备和障碍物检测装置。

1）辅助驾驶设备是单端冗余配置，即首尾分别设置两组独立的设备，相互之间不可替代,冗余代表首端或尾端分别设置多套主备关系的装置构成可替代关系。在 FAO 系统中,ATP 设备、ATO 设备属于单端冗余,DCS 和 BTM 通常属于头尾冗余,速度传感器、波导管天线以及自由波天线既头尾冗余且单端冗余。

2) 障碍物检测装置安装在列车前端,包括主动检测或被动检测。主动检测通过非接触式障碍物融合检测、具有安全预警功能的智能运维等多重安全冗余技术,有效提高轨道交通的安全防护能力和预警防御能力,在降级模式下,中心可以根据主动检测装置的视觉远程人工驾驶列车运行。被动检测通过接触感知障碍物的存在,触发紧急制动,并按照实际情况生成紧急处理方案。FAO 系统车载设备结构图如图 5-8 所示。

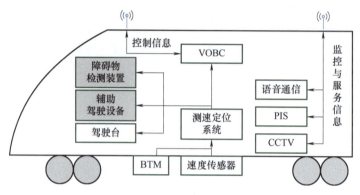

图 5-8 FAO 系统车载设备结构图

（2）**车辆新增接口** FAO 系统增加最多的接口就是车辆与中心之间的接口。车辆的休眠按钮状态、蓄电池欠电压保护检修按钮状态、烟火报警状态以及车辆自检或者动态静态测试结果、故障报警、运行状态、车门对位隔离情况等都需要发送到中心进行监测。而中心的模式控制、休眠唤醒指令、跳跃指令、列车向前向后指令或者动态测试、静态测试指令、复位命令、运行工况、站台门对位隔离等指令也需要传递到车辆。

3. FAO 系统轨旁新增设置

（1）**人员防护开关** FAO 系统轨旁按钮的设置相对 CBTC 系统有所不同。在正线,FAO 区间全部设置全封闭区域,通过人员防护开关进行人员出入管理,通常每侧站台设置两个人员防护开关按钮,分别位于列车出站出口以及进站入口,为便于人员操作,整个区间设置为一个防护分区,区间防护分区之间存在重叠部分,进一步确保人员安全。人员防护开关按钮设置在中控室 IPB 盘（图 5-9）以及段场 DCC 综合监控盘,或根据需求放置在封闭区域的入口处。

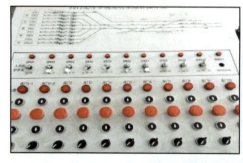

图 5-9 IPB 盘与 SPKS 按钮设置

（2）站台门车门控制 在 FAO 系统中，如果列车车门自动关闭存在连续三次以上未能关闭成功，需由站台工作人员操作站台关闭按钮。关门按钮的设置主要使用在车门被异物夹塞，或某些需要清客且清客的时间存在不确定性的车站。开门按钮根据每条运营线路的需求设置，主要用于紧急情况下的开门，开关门按钮可以同时实现车门和站台门的联动。

（3）站台发车按钮 FAO 系统新增站台发车控制功能，通常来说列车关门之后就具备发车条件。为了防止在车门时发生异常情况导致不能正常发车，故障排除后，通过站台发车按钮进行发车作业。例如在新线或者旧线改造中，通过新增障碍物检测功能，在车门和站台门之间如果有异物被检测出来时禁止发车。

（4）轨旁紧急解锁 轨旁紧急解锁手柄根据各条线路设计需求不同，当紧急解锁手柄被拉下时表示急需停车。在 FAO 系统线路中，列车在站台停稳时，紧急解锁手柄拉下列车车门可以立即打开。在列车运行时，紧急手柄拉下后列车的操作需要根据调度决策，通过调度获取到异常信息，如若车辆内部发生车内不适合乘客继续停留的情况，将立即打开车门，并由调度人员下令对列车周边环境进行防护。

4. FAO 系统车辆段新增设置

列车自动运行功能的变更更多需在车辆段进行，包括列车的自动唤醒、自动休眠、自动洗车和自检等。车辆段和停车场的整体配置以及轨旁设备的布置相比 CBTC 系统，整体变化较大。

（1）区域防护机制 FAO 系统车辆段通过划分全自动区域和非全自动区域建立区域防护机制。非全自动区域主要包括工程车库、检修库、联合车间等人员较多而列车使用较少的区域。全自动区域是列车由正线回到车场，进入列检库的部分，在全自动区域，实现 FAO 级别的运营控制，列车无人驾驶，进路自动触发。

目前，北京燕房线所使用防护分区方案是（图 5-10）：在场段尽可能不因进行一条股道的作业而影响其他股道列车的运行，场段咽喉区域单独设置防护分区，洗车库与列检库也单独设置防护分区，列检库按照 2 至 3 个轨道设置一个防护分区的方式，不同的区间之间采用隔离栅栏进行隔离，人员通过地下通道穿行。洗车库也单独设置一个分区，如需要操作洗车库或对洗车机进行维护，就只需对洗车库进行防护。

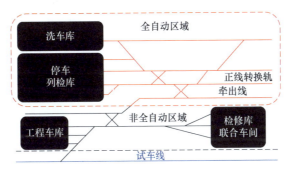

图 5-10 FAO 北京燕房线车库区域划分

❖ **想一想**：如何设置人员防护分区，既能方便人员操作，又能最大限度保障列车运行效率？

（2）列检库的设置 FAO 系统列检库通常将单条股道划分为三个轨道区段，如图 5-11 所示,包括前后两个列位,考虑动态测试中列车的移动范围,在中间设置一个保护区段用于列车动态测试的防护轨。列车运行前,车载 ATO 进行动态跳跃测试,即在 ATO 系统的操作下使列车运行指定距离,一方面进行列车牵引制动性能的测试,另一方面确保 ATO 系统的定位停车功能完好。因此,在全自动驾驶中,列检库的长度比 CBTC 系统要求更长,FAO 系统对列车自动停车终端防护距离也增加了长度的要求。

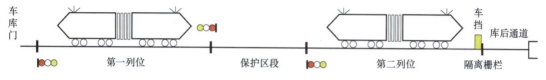

图 5-11　FAO 系统列检库设置示意图

列检库应答器的布置也有所变更,FAO 系统列车需要通过应答器实现休眠唤醒、静态定位等功能。列车停车位置对准休眠唤醒应答器,进而实现列车静态定位、列车唤醒。

(3)列车自测试(图 5-12)　FAO 系统列车唤醒后需进行自测才能出库运行,包括自检、静态测试和动态测试。

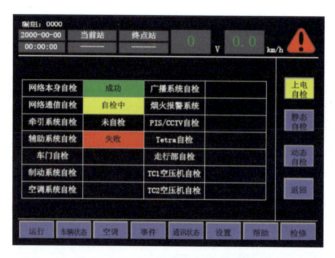

图 5-12　列车和车载设备自测试界面

1)自检过程是指车载信号设备 VOBC 需要和车辆交互,确认车辆设备状态是否完好,VOBC 会给车辆发送设备状态信息采集请求,车辆对广播、空调、照明等设备的状态进行自测。自检同时检测 VOBC 与车辆设备的接口情况,包括车辆 TCMS(车辆管理系统)网络与车辆照明、空调、CCTV、PIS、牵引制动系统、蓄电池、烟火以及轮轨检测系统连接是否完好。因此,自检主要是车辆将自己设备的信息,通过 TCMS 网络向 VOBC 反馈。VOBC 在反馈相应的车辆状态到控制中心,自检更多地检测通信是否正常。

2)静态测试是指通过 VOBC 下发实际的操作指令进行设备状态检测,包括常用制动或紧急制动的检测,VOBC 给车辆制动系统发送制动指令,检测制动系统是否能按照预期进行反馈。静态测试还包括高压测试、低压上电、辅助系统供电测试和紧急制动缓解等测试。

3)动态测试是指 VOBC 对车辆进行实际操作控制。例如 VOBC 控制车辆向前或向后运行大概 50cm 的目标值,检测列车是否能按照指令预期执行相应动作,如果系统检测列车向前向后移动距离误差在允许范围内,表示该项测试通过。三个环节的测试过程对车辆的所有接口和控制进行测试,最大限度地确保列车全自动运行正常执行。

（4）洗车库的设置　全自动洗车库相对 CBTC 系统是全新的设置。FAO 系统自动控制洗车机的运作,控制列车自动运行停至指定的洗车点。在洗车时机也需与洗车机进行交互,联动洗车机确定开启洗车机的时机,精准控制洗车机的开启时机,可以避免撞坏洗车杆、提高洗车效率。全自动运行列车洗车过程如图 5-13 所示。

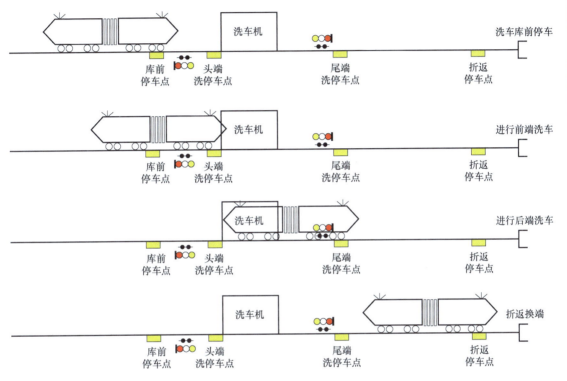

图 5-13　全自动运行列车洗车过程

洗车的方式通常分为贯通式和尽头式,贯通式只需在通过洗车机的过程中进行洗车即可。尽头式表示列车进入之后就到了线路的尽头,需要进行折返作业,在折返过程中通过增加折返应答器指导折返作业的进行,折返轨的长度也需在前期进行设计,使其符合全自动折返作业的要求,参见图 5-13。

在需要停车进行洗车的洗车库中需定点布置应答器控制精确停车,只有在固定的停车点处停下,才能对列车具体的位置,例如前端或者后端进行针对性的清洗,如图 5-14 所示。因此,在进行洗车作业时,FAO 系统还需控制列车进行无人自动折返、列车定点停车且控制洗车机运作时机。

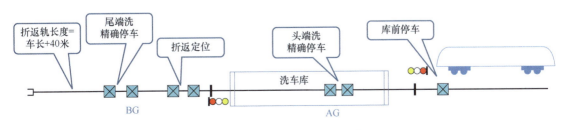

图 5-14　自动洗车库信号设计

❖ **想一想**：进行全自动洗车作业涉及哪些列车运行控制系统关键技术？

知识拓展

坚持科技创新，"驶向"未来

交控科技股份有限公司董事长、总经理郜春海坦言，当下的城轨交通信号系统仍有很大提升空间。"轨道交通的高质量体现在哪？我觉得有这样几个指标：第一，系统能不能更安全？第二，效率能不能更高？第三，老百姓能不能更便捷？第四，成本能不能更低？第五，能不能做到节能减排或者低碳？"一连串的问题背后，是交控科技对行业痛点的深度思考与持续探索的方向。

如今，我国城轨交通信号系统的部分技术已经能够与国际市场的领先水平并肩，但郜春海仍未满足。在他看来，我国从交通大国迈向交通强国，想要走出去，就要朝着超越强国的方向发展，就要在某一个领域领先其他国家一代到两代。

据悉，面对高质量发展对于网络化运营、无感改造、自主运行的需求，交控科技正加速研发以网络化调度指挥、自主感知运行、虚拟灵活编组、车辆信号一体化平台及轨旁新型基础设施等为代表的新一代列车运行控制系统。"未来一年左右的时间里，第六代 AVCOS（自主虚拟编组运行系统）将逐步进行一些核心技术的验证试验。在未来十年时间里，我们还将努力把第七代甚至第八代做出来，这是交控科技未来明确的发展方向。"郜春海谈到规划，信心满满。

"保障行车安全每一米，降低运行成本每一分，节省乘客出行每一秒，提升用户体验每一天。"这是交控科技最初的愿望，最执着的坚守，最强烈的使命，最努力的践行。

资料来源：交控科技，2022 年 03 月 28 日

【学习小结】

1. FAO 系统深度集成，将原来通过司机处理的故障以及司机对列车控制的职能，转变为由控制中心调度员直接处理和控制列车运行。

2. FAO 系统特点主要表现在要求各专业必须高度自动化、系统之间深度集成；全自动等级必须向下兼容；具备更加完善的安全防护，采用充分的冗余配置；实现列车运行全过程的安全防护、增强运营人员防护功能。

3. 中心新增的需求包括列车全自动运行的全面监控、各设备系统检测与维护调度、面向乘客的远程服务、车辆调度及乘客调度、车辆设备远程控制、对各专业领域的维护调度。

4. FAO 车载新增装置主要包括辅助驾驶设备、障碍物检测装置，增加车辆与中心之间的接口实现中心对列车的监控和故障处置功能。

5. FAO 系统轨旁通过人员防护开关进行人员出入全封闭区域的管理、设置站台门车门操作按钮、站台发车控制按钮、轨旁紧急解锁手柄进一步确保全自动列车的正常运行。

6. FAO 系统车辆段分为全自动区域和非全自动区域，最大限度保障列车运行效率；列检

库单条股道设置三个轨道区段为列车自检提供条件。

7. 列车自测包括自检、静态测试和动态测试。对车辆的所有接口和控制进行测试，最大限度确保列车全自动运行正常执行。

8. 进行全自动洗车作业时，FAO 系统需控制列车进行无人自动折返、列车定点停车且控制洗车机运作时机。

【知识巩固】

一、填空题

1. FAO 系统对于站台门车门的＿＿＿＿功能，需要车辆与车门之间具备更精细的接口。

2. 通过车辆调度实现关键设备的＿＿＿＿及＿＿＿＿。过去在车上能够看到的车辆报警以及车载信号系统的报警，在 FAO 系统中都可以通过控制中心在＿＿＿＿进行监控。

3. 当车载信号设备 VOBC 发生故障，对于无人驾驶列车，维修人员不能立即上车进行故障处理，VOBC 将故障发送至中心＿＿＿＿进行故障复位处理。

4. 发车前车载 ATO 进行动态自测，又称之为＿＿＿＿，即在 ATO 的操作下使列车运行指定距离，一方面进行列车牵引制动性能的测试，另一方面确保 ATO 的＿＿＿＿功能完好。

二、简答题

1. 简述 FAO 系统对土建建设和车辆接口的新增要求。
2. 简述 FAO 系统对信号系统的新增要求。
3. 简述 FAO 系统中各区域信号控制设备的新增设置。

参考文献

［1］ 张利彪. 城市轨道交通信号与通信系统［M］. 北京：人民交通出版社股份有限公司，2020.
［2］ 贾毓杰，王红光. 城市轨道交通通信与信号［M］. 3版，北京：机械工业出版社，2019.
［3］ 郜春海. 基于通信的列车运行控制（CBTC）系统［M］. 北京：中国铁道出版社，2018.
［4］ 张建平. 城市轨道交通列车运行自动控制系统［M］. 成都：西南交通大学出版社，2017.

城市轨道交通列车自动控制系统维护任务工单

班　级＿＿＿＿＿＿＿＿＿＿＿＿

姓　名＿＿＿＿＿＿＿＿＿＿＿＿

学　号＿＿＿＿＿＿＿＿＿＿＿＿

机械工业出版社

目 录

项目一　城市轨道交通列车自动控制系统认知 ································· 1
　　任务一　城市轨道交通列车自动控制系统基本认知 ····················· 1
　　任务二　城市轨道交通列车自动控制关键技术认知 ····················· 4

项目二　中心列车自动控制系统认知与维护 ··································· 8
　　任务一　中心 ATS 系统认知 ·· 8
　　任务二　中心 ATS 设备维护 ··· 11
　　任务三　中心 ATS 工作站操作 ·· 17

项目三　车站列车自动控制系统维护与检修 ································· 21
　　任务一　车站 ATS 系统维护 ··· 21
　　任务二　DCS 设备维护与检修 ·· 25
　　任务三　ZC 设备维护 ··· 29
　　任务四　电源设备维护 ·· 34

项目四　车载列车自动控制系统维护与检修 ································· 39
　　任务一　车载 ATP 设备维护与检修 ······································ 39
　　任务二　车载 ATO 设备维护与检修 ······································ 44
　　任务三　车载人机设备操作 ·· 52
　　任务四　车载外围设备维护与检修 ·· 56

项目五　全自动列车运行控制系统认知 ······································· 60
　　任务一　FAO 系统认知 ··· 60
　　任务二　FAO 系统关键技术认知 ·· 63

项目一　城市轨道交通列车自动控制系统认知

任务一　城市轨道交通列车自动控制系统基本认知

任务名称	城市轨道交通列车自动控制系统基本认知	学时	4 学时	班级	
学生姓名		学生学号		任务成绩	
任务描述	通过对城市轨道交通列车自动控制系统原理的学习，识别城市轨道交通列车自动控制系统组成，掌握 ATC 各子系统的重要特征，对系统组成设备进行识别，完成系统设备的分类，口述系统设备功能，总结出 CBTC 系统优点。				
任务目的	掌握城市轨道交通列车自动控制系统的主要组成子系统及其设备功能、CBTC 系统的特点。				

一、资讯

1. CBTC 列车运行自动控制系统可分为＿＿＿＿＿＿＿、＿＿＿＿＿＿＿、＿＿＿＿＿＿＿、数据传输系统与计算机联锁系统。

2. 城市轨道交通列车自动控制系统设备包括位于中心的＿＿＿＿＿＿＿，位于车站的＿＿＿＿＿＿＿、＿＿＿＿＿＿＿、＿＿＿＿＿＿＿，车载的＿＿＿＿＿＿＿、＿＿＿＿＿＿＿、＿＿＿＿＿＿＿以及 BTM 设备，如图 1-1 所示。

3. CBTC 系统的组成还可以分为列车控制和信息传输两大部分，其中列车控制包括＿＿＿＿＿＿＿、＿＿＿＿＿＿＿、＿＿＿＿＿＿＿3 个子系统，实现控制列车运行的核心运算，＿＿＿＿＿＿＿部分采用无线通信系统。

4. 通过＿＿＿＿＿＿＿的车地通信，完成列车向地面控制设备传递列车的＿＿＿＿＿＿＿以及＿＿＿＿＿＿＿信息，地面向列车传送＿＿＿＿＿＿＿信息。

5. CBTC 列车自动控制系统摆脱了用＿＿＿＿＿＿＿判别对闭塞分区占用与否，突破了＿＿＿＿＿＿＿与＿＿＿＿＿＿＿闭塞的局限性。

6. CBTC 系统确立＿＿＿＿＿＿＿的新理念，如图 1-2 所示，其主要技术基础在于车地通信方式及列车定位方式，CBTC 系统的通信子系统在车-地之间建立＿＿＿＿＿＿＿、＿＿＿＿＿＿＿、高速的传输通道。除了车地通信，CBTC 系统的另一核心技术则是＿＿＿＿＿＿＿，确定了列车的准确位置，才能保证列车安全间隔。

7. CBTC 系统不需要新增任何设备，自然支持双向运行，CBTC 系统在运营时，可以根据需要，使用不同的＿＿＿＿＿＿＿策略。系统可以处理多条线路交叉，咽喉区段等列车运行极其复杂的情况。另外，CBTC 系统可以同时运行不同＿＿＿＿＿＿＿、不同＿＿＿＿＿＿＿的列车。

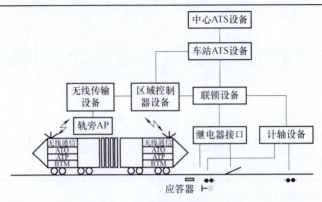

图 1-1 CBTC 系统结构

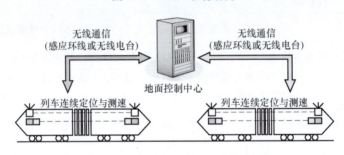

图 1-2 CBTC 系统关键技术的使用示意图

8. CBTC 系统可以实现 _____ 闭塞,控制列车按移动闭塞模式运行,进一步缩短 _____。另外,CBTC 系统可以进一步优化列车驾驶的节能算法,提高 _____ 效果。

9. 从硬件结构看,CBTC 系统以 _____ 设备为核心,车载和车站设备为执行机构,车、地控制设备 _____。从功能上看,联锁、闭塞、超速防护等功能通过软件统一设计实现。整个系统摆脱了积木堆叠式结构,而是一个 _____ 整体,系统结构更 _____。

10. 基于通信的 ATC 系统关键的设备均采取 _____ 的方式,同时还配置 _____ 设备,辅助列车位置检测设备等,提高了系统 _____ 的能力及安全性。

二、计划与决策

请根据任务要求,确定小组成员并进行合理分工,制订详细的工作计划。
(组建 4~6 人团队,并进行团队成员分工与计划)

1. 小组成员分工:

2. 工作计划:

三、任务实施

1. 针对以下系统设备,写出其分属于哪个子系统,叙述各设备在列车运行控制中分别实现什么功能?
无线设备:_____

项目一　城市轨道交通列车自动控制系统认知

区域控制器设备：_____
车载 ATP 设备：_____
车载 ATO 设备：_____
联锁设备：_____
BTM 设备：_____
中心 ATS 设备：_____
车站 ATS 设备：_____

2. 结合各子系统的划分，小组成员相互口述列车自动控制各子系统功能。
3. 结合资讯信息，总结出 CBTC 系统的以下优点分别体现在哪些方面。
1）可靠：_____
_____

2）高效：_____
_____

3）简洁：_____
_____

4）灵活：_____
_____

四、检查

1. 检查小组成员针对设备功能描述的完成情况，功能描述是否完整并正确。
_____

2. 检查组员对列车运行控制子系统功能叙述情况，是否完整并正确，如不正确提出改进意见。
_____

五、评估

项目	评价指标	自评	互评
专业技能	正确区分列车运行控制子系统	□合格　□不合格	□合格　□不合格
	正确划分列车运行控制设备	□合格　□不合格	□合格　□不合格
	正确理解 CBTC 系统特点	□合格　□不合格	□合格　□不合格
工作态度	正确查阅咨询信息和学习材料	□合格　□不合格	□合格　□不合格
	口头叙述清晰有条理	□合格　□不合格	□合格　□不合格
	分工明确，配合默契	□合格　□不合格	□合格　□不合格
个人反思		完成任务的质量、时间，是否达到最佳程度，针对不足之处，请提出个人改进建议	
教师评价	教师签字 　　　年　月　日	成绩 □合格　　□不合格	

任务二　城市轨道交通列车自动控制关键技术认知

任务名称	城市轨道交通列车自动控制关键技术认知	学时	4学时	班级	
学生姓名		学生学号		任务成绩	
任务描述	通过对常用列车测速定位方法的学习，总结列车定位的特点，探索寻找一种适用于地下线路的测速定位方法。				
任务目的	掌握不同类型测速定位方法应用特点，识别不同的间隔控制方法以及列车运行速度距离控制模式的应用。				

一、资讯

1. 列车自动控制系统的每个子功能的实现都需要列车位置作为前提下才能完成。列车定位技术需满足两种不同的要求，一个是列车在同一轨道上_____，另一个是列车在不同轨道之间的_____。

2. 定位系统必须具有连续执行列车定位而_____的能力，即在_____有很好的可用性。

3. 不管列车运行在任何地理区域，定位信息必须_____地提供给 ATC 系统，即在_____有良好的可用性。

4. 定位系统与列车自动控制系统的其他子系统_____，其具有连续正常工作的能力，并能够检测和报告本身发生的_____。

5. 定位系统的设计和使用必须综合考虑_____和_____等因素，从而使定位系统的生命周期成本最小。

6. 当定位系统出现故障时，系统不能验出_____的通报信息，而必须具备_____的后备措施。

7. 城市轨道交通测速及定位方法多种多样，定位方法主要有：

1）基于信号基础设备的定位，包括使用_____、_____、_____进行定位。

2）基于测速的定位，包括使用_____、_____进行测速，或是采用多方式相结合的测速定位方式。

8. 如图 1-3 所示，计轴技术是以计算机为核心，辅以外部设备，利用统计_____来检测相应轨道区段占用或空闲状态的技术。计轴点是计轴系统的车轮识别点，位于_____处。

9. _____简称闭塞，区间行车组织的主要使用的包括以下 6 种闭塞法，如图 1-4 所示。

10. 列车自动控制系统控制方式根据车地信息传输方式，分为_____模式和_____模式。

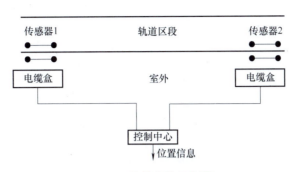

图 1-3 计轴定位示意图

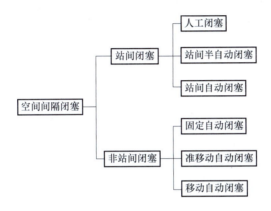

图 1-4 闭塞技术分类

11. 点式是通过_____的车地通信方式进行列车运行控制，依靠_____及_____来给出列车的移动授权。

12. 连续式基于_____的车地通信系统，列车根据_____给出的移动授权实时发送给列车，既增加了列车运行的安全性和可靠性，也很大程度提升运营效率。

13. 点式ATC作为连续ATC的_____模式。

二、计划与决策

请根据任务要求，确定小组成员并进行合理分工，制订详细的工作计划。

（组建4~6人团队，并进行团队成员分工与计划）

1. 小组成员分工：

2. 工作计划：

三、任务实施

1. 通过小组探讨,总结列车自动控制系统对列车定位的要求,针对以下方面进行论述。

精确性:_____
_____

连续性:_____
_____

覆盖性:_____
_____

可靠性和安全性:_____
_____

可维护性:_____
_____

故障-安全性:_____
_____

2. 针对小组探讨所选取的适用于地下线路的测速定位方案,针对以下内容进行论述。

1)测速定位方法应用现状:_____
_____
_____

2)测速定位方案介绍:_____
_____
_____

3)测速定位方案优势分析:_____
_____
_____

四、检查

1. 检查小组成员对测速定位方案的描述是否完整并正确,完善自我描述。
_____

2. 检查组员对列车定位和测速的要求是否正确理解,如不正确提出改进意见。
_____

五、评估

项目	评价指标	自评	互评
专业技能	测速定位方法合理	□合格 □不合格	□合格 □不合格
	掌握对测速定位的要求	□合格 □不合格	□合格 □不合格
	完整填写工作页	□合格 □不合格	□合格 □不合格

（续）

项目	评价指标	自评	互评
工作态度	收集整理资料并进行总结	□合格　□不合格	□合格　□不合格
	绘图清晰、内容完整	□合格　□不合格	□合格　□不合格
	分工明确，配合默契	□合格　□不合格	□合格　□不合格
个人反思		完成任务的质量、时间，是否达到最佳程度，针对不足之处，请提出个人改进建议	
教师评价	教师签字 　　　年　月　日	成绩 □合格　□不合格	

项目二　中心列车自动控制系统认知与维护

任务一　中心 ATS 系统认知

任务名称	中心 ATS 系统认知	学时	4 学时	班级	
学生姓名		学生学号		任务成绩	
实训设备、工具及仪器	中心 ATS 系统设备	实训场地	理实一体化教室	日期	
任务描述	通过中心 ATS 系统学习相关知识，对 ATS 系统功能进行总结，以小组为单位，将中心 ATS 系统功能架构补充完整，并描述中心 ATS 系统的工作过程。				
任务目的	能够正确认识中心 ATS 系统的功能，了解中心 ATS 系统各部分的功能和接口。				

一、资讯

1. ATS 子系统实现对列车运行及所控制的道岔、信号等设备运行状态的_____和_____，为行车调度人员显示出全线列车的_____，监督和记录运行图的执行情况，在列车因故偏离运行图时及时作出_____，辅助_____人员完成对全线列车运行的管理。

2. 如图 2-1 所示，ATS 子系统通过可靠的网络结构，与_____、_____、_____等其他系统一起工作，实现信号设备的_____，并控制列车按照预先制订的运营计划在正线和车辆段内运行。

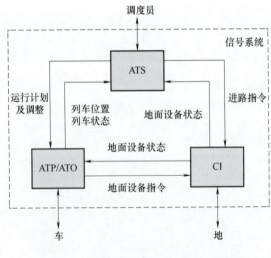

图 2-1　ATS 子系统在信号系统中的位置

3. ATS 子系统在 ATP 和 ATO 系统支持下，根据运行时刻表完成对全线列车运行的_____，可自动监控和控制正线列车进路，并向行车调度员和外部系统提供信息。ATS 子系统通过_____有效防止了由于 ATS 子系统故障或不正确操作可能导致的对列车运行的危害。

4. 中心 ATS 系统功能模块包括：

1) 通信模块。为外部系统提供接口。中心 ATS 系统向轨旁传输_____，并通过车站从现场设备接收_____。

2) 运行控制模块。从用户界面或计划子系统生成_____和_____。运输控制验证请求之后将其传送至现场（或确认无效将其拒绝）。

3) 列车追踪模块。用于监测现场设备状态表示、列车标识和位置。发送_____至 ATS 监视界面和计划模块。

4) ATS 监视界面。用于显示动态更新的站场图、现场设备_____以及_____。为调度员或维修人员提供手动操作 ATS 功能的接口。

5) 列车计划模块。接收_____、列车位置以及时刻表数据。计划模块生成进路管理，向运行控制模块发送_____，并通过非安全列车性能控制来提供时刻表调整。

6) 列车管理模块。提供用户界面，使计划员为列车计划和列车追踪模块输入_____。

7) 时刻表管理模块。为计划员提供用户界面，创建和编辑_____，并向列车计划模块提供时刻表信息。

二、计划与决策

请根据任务要求，确定小组成员并进行合理分工，制订详细的工作计划。

（组建 4~6 人团队，并进行团队成员分工与计划）

1. 小组成员分工：

2. 工作计划：

三、任务实施

1. 请在图 2-2 的括号中将 ATS 子系统各功能模块传输内容补充完整。
2. 参考以上 ATS 子系统功能架构图，通过小组讨论，将 ATS 子系统的工作过程完整描述出来。

_____
_____
_____

四、检查

1. 对照资讯内容检查功能架构图是否完整并正确。

2. 检查是否完整并正确描述 ATS 子系统的工作过程。

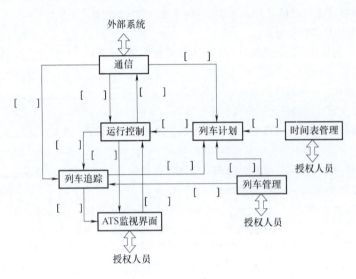

图 2-2　ATS 子系统功能实现流程图

五、评估

项目	评价指标	自评	互评
专业技能	正确认知 ATS 子系统功能	□合格　□不合格	□合格　□不合格
	正确认知 ATS 子系统的工作过程	□合格　□不合格	□合格　□不合格
	完整填写工作页	□合格　□不合格	□合格　□不合格
工作态度	正确获取资讯信息	□合格　□不合格	□合格　□不合格
	通过读图描述流程过程	□合格　□不合格	□合格　□不合格
	分工明确，配合默契	□合格　□不合格	□合格　□不合格
个人反思		完成任务的质量、时间，是否达到最佳程度，针对不足之处，请提出个人改进建议	
教师评价	教师签字　　　　年　月　日	成绩 □合格　□不合格	

任务二 中心 ATS 设备维护

任务名称	中心 ATS 设备维护	学时	4 学时	班级	
学生姓名		学生学号		任务成绩	
实训设备、工具及仪器	ATS 机柜、ATS 工作站及服务器、防静电吸尘器、万用表	实训场地	理实一体化教室	日期	
任务描述	行车调度员下达控制中心 ATS 设备维护工作任务，通号维修工程师依据预防性维护计划，提前申请施工，进行设备维护工作。工作过程中根据"中心 ATS 设备月检维护工作指引"，进行施工作业。				
任务目的	能够根据工作流程进行中心 ATS 通用服务器、数据库服务器机柜及线缆连接检查；能够按照操作步骤对服务器进行主备切换及重启；能够根据工作流程对中心 ATS 工作站进行状态检查和重启。				

一、资讯

1. 中心 ATS 通用服务器机柜维护。

（1）通用服务器机柜及线缆连接检查。

目测检查通用服务器机柜各网线插接＿＿＿＿＿＿、标签＿＿＿＿＿＿、水晶头＿＿＿＿＿＿，目测检查通用服务器机柜背面及 KVM 背面各线缆＿＿＿＿＿＿。

（2）紧固件紧固。

紧固机柜内外所有松动＿＿＿＿＿＿。

（3）机柜输入电源电压测量。

使用万用表测量机柜输入端电源电压，实测值为＿＿＿＿＿＿至＿＿＿＿＿＿间。

（4）机柜除尘清扫。

使用软毛刷、方巾对机柜表面进行清洁；使用手持＿＿＿＿＿＿对机柜内部进行清洁。

（5）KVM 运行状态检查。

如图 2-3 所示，显示器显示正常，电源线连接可靠、无松动；视频线缆连接＿＿＿＿＿＿、＿＿＿＿＿＿；键盘、鼠标操作正常。

2. 中心 ATS 应用服务器、前置通信服务器、外部接口服务器、TCC 接口服务器切换及重启、应用服务器进行主备切换及重启。

1）选中相应服务器。按压 KVM 右上端＿＿＿＿＿＿键，选择相应的服务器。

2）链接检查。进入应用服务器工作界面，依照服务器当前工作情况，在通道状态栏中检查服务器当前通道连接状态，✗中断 表示＿＿＿＿＿＿；✓已连接 表示通道＿＿＿＿＿＿，且本地为＿＿＿＿＿＿机；z͎ᶻ备用 表示通道＿＿＿＿＿＿，但本地为＿＿＿＿＿＿机。

图 2-3 KVM 实物图

3）倒机操作。选择主用服务器单击菜单栏中"_____"按钮，在下拉菜单中选择"倒机（T）"。切换后在工作状态栏中检查当前工作状态。本地主机表示本地程序为主用状态，对方主机表示本地程序为备用状态；"_____"为绿色字体，"_____"为黄色字体。

4）重启操作。首先关闭程序，单击菜单项目中的"文件（F）"，选择退出程序，单击后会弹出确认退出程序询问对话框，单击"确定"按钮，退出程序。打开 Windows 开始菜单，单击"重启"键重启工控机。服务器重启后，主备关系切换，通道状态稳定，本机重启完毕。系统运行_____ min 后再对另一台服务器进行_____及_____作业。

3. ATS 数据库服务器机柜维护。

（1）数据库服务器机柜及线缆连接检查。

目测检查液晶套件、HMC、服务器小机、磁盘阵列的连接线缆_____。

（2）机柜除尘清扫。

使用软毛刷、方巾对机柜表面进行清洁；使用手持吸尘器对_____进行清洁。

（3）数据库服务器状态检查。

数据库服务器 HMC 界面无异常_____信息。

（4）磁盘阵列硬盘状态检查。

状态指示灯正常为_____，异常时灯熄灭或_____。

4. ATS 工作站维护。

每套调度工作站一般都有主机、显示器、键盘、鼠标、网络接口等，如图 2-4 所示。

图 2-4 控制中心调度工作站

（1）ATS 工作站线缆连接检查。

目测检查 ATS 工作站电源和网线_____、连接牢固。

（2）ATS 工作站运行状态检查。

目测检查显示器显示正常；目测检查视频线缆连接牢固，不松动；操作键盘、鼠标正常使用；ATS 界面正常显示_____状态。

（3）ATS 工作站除尘。

使用麂皮清洁显示器。断开键盘和主机的连线后使用方巾、软毛刷清洁鼠标、键盘，清洁后恢复_____。

（4）工作站病毒检查。

使用鼠标，依次单击"开始""所有程序""Symanctec Endpoint Protection""Symanctec Endpoint Protection"，打开 Symanctec 杀毒软件。鼠标单击左侧"扫描威胁"，然后单击"运行全面扫描"。如发现有病毒及时_____处理。

（5）ATS 工作站重启。

退出当前运行的应用软件，打开 Windows 开始菜单，单击"重启"。工作站启动后，输入用户名和密码进入操作系统。打开应用软件，输入本机_____和_____，登录后确认当前显示正常。

二、计划与决策

请根据任务要求，确定小组成员并进行合理分工，制订详细的工作计划。

（组建 4~6 人团队，并进行团队成员分工与计划）

1. 小组成员分工：

2. 工作计划：

三、任务实施

1. ATS 设备巡视检查。

（1）KVM 检查状态。

（2）服务器主备切换。

（3）ATS 数据库服务器机柜维护。

1）数据库服务器机柜连接检查。

2）机柜清扫。

3）数据库服务器。

4）磁盘阵列状态检查。

2. ATS 机柜维护

位置	维护事项	结果	
		检验结果	状态判定
ATS 通用服务器机柜	机柜及线缆连接检查	网线插接牢固，标签齐全，水晶头无破损	□正常 □异常
		机柜背面及 KVM 背面各线缆插接牢固	□正常 □异常
	紧固件紧固	紧固机柜内外所有松动螺栓	□正常 □异常
	机柜输入电源电压测量	电源电压实测值为 AC 210~240V	□正常 □异常
	机柜除尘清扫	使用软毛刷、方巾对机柜表面进行清洁	□正常 □异常
		使用手持吸尘器对机柜内部进行清洁	□正常 □异常
	KVM 运行状态检查	显示器显示正常，电源线连接可靠无松动	□正常 □异常
		视频线缆连接可靠、无松动	□正常 □异常
		键盘、鼠标操作正常	□正常 □异常
服务器	应用服务器	主备关系切换正常，通道状态稳定	□主机 □备机
	前置通信服务器	主备关系切换正常，通道状态稳定	□正常 □异常
	外部接口服务器	主备关系切换正常，通道状态稳定	□正常 □异常
	TCC 接口服务器	主备关系切换正常，通道状态稳定	□主机 □备机
ATS 数据库服务器机柜	机柜及线缆连接检查	液晶套件、HMC、服务器小机、磁盘阵列的连接线缆插接牢固	□正常 □异常
	机柜除尘清扫	使用软毛刷、方巾对机柜表面进行清洁	□正常 □异常
		使用手持吸尘器对机柜内部进行清洁	□正常 □异常
	数据库服务器状态检查	数据库服务器 HMC 界面无异常报警信息	□正常 □异常
	磁盘阵列硬盘状态检查	指示灯正常为绿色，异常时灯熄灭或红色	□正常 □异常

3. ATS 工作站维护

位置	维护事项	结果		备注
		检验结果	状态判定	
ATS 工作站	线缆连接检查	ATS 工作站电源和网线接触良好、连接牢固	□正常 □异常	
	运行状态检查	显示器显示正常	□正常 □异常	
		视频线缆连接牢固，不松动	□正常 □异常	
		操作键盘、鼠标正常使用	□正常 □异常	
		ATS 界面正常显示站场状态	□正常 □异常	
	工作站除尘	清洁鼠标、键盘、显示器	□正常 □异常	
	病毒检查	扫描病毒，发现有病毒及时上报处理	□正常 □异常	
	工作站重启	设备重启后工作正常	□正常 □异常	
其他	正常（　） 异常（　） 异常请在空白处说明			
跟进事项				

四、检查

1. 检查是否按照安全维护指引实施作业。

2. 对照维护清单,检查所有维护项目是否正确实施,如不正确提出改进意见。

五、评估

项目	评价指标	自评	互评
专业技能	按照流程进行 ATS 数据库机柜维护操作	□合格　□不合格	□合格　□不合格
	能够执行 ATS 机柜维护	□合格　□不合格	□合格　□不合格
	能够执行 ATS 工作站维护	□合格　□不合格	□合格　□不合格
工作态度	维护过程注意安全操作	□合格　□不合格	□合格　□不合格
	正确使用维护仪器设备及场地恢复完好	□合格　□不合格	□合格　□不合格
	正确识读设备维护检查事项	□合格　□不合格	□合格　□不合格
个人反思		完成任务的质量、时间,是否达到最佳程度,针对不足之处,请提出个人改进建议	
教师评价	教师签字　　　　年　月　日	成绩	
		□合格　　□不合格	

任务三　中心 ATS 工作站操作

任务名称	中心 ATS 工作站操作	学时	4 学时	班级	
学生姓名		学生学号		任务成绩	
实训设备、工具及仪器	中心 ATS 系统调度工作站	实训场地	理实一体化教室	日期	
任务描述	以小组为单位，在学习 ATS 系统软件界面信息识读与功能操作方法后，进入实训室识读 ATS 系统监控设备状态信息，运用 ATS 系统软件操作相关设备。在实操过程中，须按照工作流程进行作业，遵规守纪，爱护实训设备，避免机械伤害。				
任务目的	能够识读 ATS 系统监控信号设备的工作状态、信息及数据；能够按照实际工作流程，操作 ATS 系统软件，学会使用 ATS 系统软件监控列车的运行。				

一、资讯

1. ATS 系统界面状态表示包括：

1) 车站_____。

2) 控制状态。

3) _____布置（上下行轨道和道岔）、显示光带。

4) _____显示（站台类型、停站、扣车）。

5) _____（信号显示、信号机名称）。

2. ATS 系统界面如图 2-5 所示。

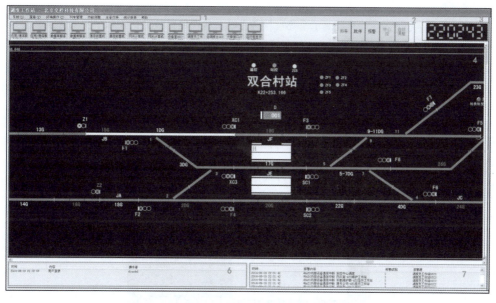

图 2-5　工作站界面图示

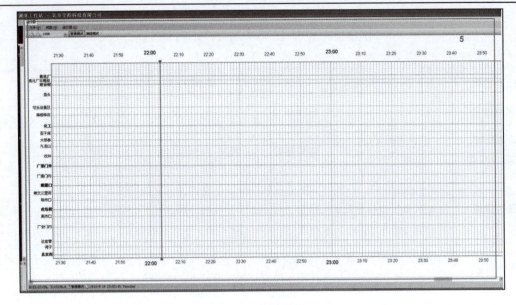

图 2-5　工作站界面图示（续）

1）区域 1 是_____，提供系统登录、系统信息查看和系统操作等操作菜单。

2）区域 2 是直观信息显示区，提供与本机连通设备的_____、已设置的_____、_____以及报警状态。

3）区域 3 是_____显示区，显示设备名称、系统时间等信息。

4）区域 4 是_____显示区，提供所监控线路区域的站场状态信息。在调度工作站中，通过环境菜单方式提供各种对现场信号设备和列车的遥控手段。

5）区域 5 是_____显示区，显示计划运行图、实际运行图等信息。

6）区域 6 是_____区，显示当前工作站上已进行的基本操作。

7）区域 7 是_____区，显示系统自身产生以及从现场信号设备或列车获取的报警信息。计划工作站人机界面中仅有运行图显示区，没有其他信息区。

3. ATS 系统软件基本操作包括：

1）在设备集中站和 ATS 控制中心通信正常的情况下，车站操作员和中心调度员通过_____等方式沟通协调后，由操作员在_____上进行_____（转为中心控制或车站控制）。

2）车站 ATS 工作站能够通过人工开放信号机来完成指定进路的_____，将鼠标放在工作站界面的信号机上，单击鼠标右键，屏幕会弹出信号机菜单，选择弹出菜单中的相应的菜单项，如图 2-6 所示。

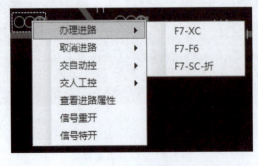

图 2-6　进路的基本操作

3）信号重开/特开。右键选择需要操作的信号机，选择_____，单击确认（图 2-7）。

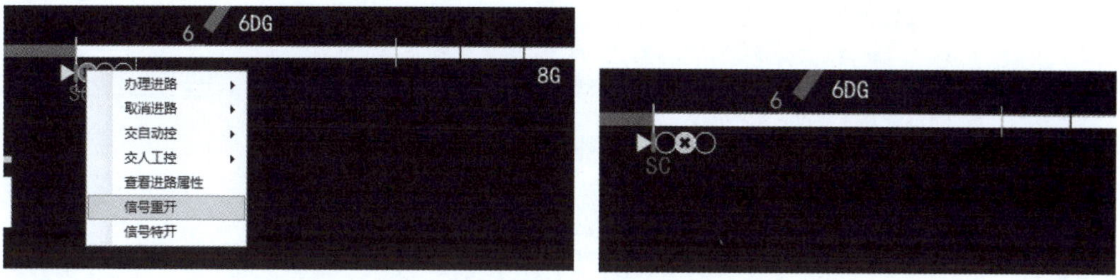

图 2-7　信号重开

二、计划与决策

请根据任务要求，确定小组成员并进行合理分工，制订详细的工作计划。
（组建 4~6 人团队，并进行团队成员分工与计划）

1. 小组成员分工：

2. 工作计划：

三、任务实施

1. ATS 调度工作站软件界面识读：
ATS 工作站上表示的信息有：_____

当前 ATS 工作站控制状态为：遥控□　　　站控□　　　紧急站控□
此时 ATS 工作站控制权限在：OCC 控制中心□　　车站□
（请在你认为正确的选项后面画√）
无列车占用时，线路所显示光带颜色为_____
有列车占用时，线路所显示光带颜色为_____
轨道编号：上行_____下行_____
道岔编号：上行_____下行_____
车站的站台类型：岛式□　　　侧式□　　　（请在你的车站类型后面画√）
车站的信号机名称：_____

2. ATS 系统软件操作：
（1）控制权限转换。
转换前 ATS 工作站控制权限在：OCC 控制中心□　　车站□
转换后 ATS 工作站控制权限在：OCC 控制中心□　　车站□
（2）办理/取消进路。
所办理进路编号为：_____　所取消进路编号为：_____

(3) 信号重开/特开。

重开/特开信号机名称为：_____

四、检查

1. 检查 ATS 系统软件界面识读是否正确，如不正确说明原因。

2. 检查 ATS 系统软件操作完成情况，是否正确执行。

五、评估

项目	评价指标	自评	互评
专业技能	正确识读中心 ATS 系统软件界面	□合格　□不合格	□合格　□不合格
	能够正确完成中心 ATS 系统软件操作	□合格　□不合格	□合格　□不合格
	完整填写工作页	□合格　□不合格	□合格　□不合格
工作态度	正确查阅咨询信息和学习材料	□合格　□不合格	□合格　□不合格
	操作细致，符合职业要求	□合格　□不合格	□合格　□不合格
	分工明确，配合默契	□合格　□不合格	□合格　□不合格
个人反思		完成任务的质量、时间，是否达到最佳程度，针对不足之处，请提出个人改进建议	
教师评价	教师签字　　　　　年　月　日	成绩　　□合格　□不合格	

项目三 车站列车自动控制系统维护与检修

任务一 车站 ATS 系统维护

任务名称	车站 ATS 系统维护	学时	4学时	班级	
学生姓名		学生学号		任务成绩	
实训设备、工具及仪器	ATS 服务器、工作站、设备机柜、网络交换机	实训场地	理实一体化教室	日期	
任务描述	某车站 ATS 的工作服务器突发死机，工作状态指示灯熄灭，被列车运行控制系统自动开关探测到，把控制权转交给备用服务器。备用服务器立即投入使用，为列车安排进路，并向控制中心汇报状态信息。信号人员接收到关于车站 ATS 的工作服务器的故障报告，对 ATS 状态进行全面检查，线路运营结束后进行手动倒机切换操作与服务器重启检查				
任务目的	正确识别 ATS 状态表示，能够执行 ATS 手动倒机切换操作、设备重启操作				

一、资讯

1. 每个正线设备集中站 ATS 系统主要包括以下设备：_____、_____、_____、_____、若干光纤转换器、车站打印机等。

2. 车站 ATS 分机能根据运行图或目的地触发_____。当列车到达站台后，车站 ATS 分机将正确_____、_____以及_____。车站 ATS 分机是_____冗余的。

3. ATS 主机服务器失灵后，会把控制权转交给备用服务器；ATS 服务器是_____，备用服务器掌握_____和_____信息。

4. 车站 ATS 中的两个服务器都有专用的联锁接口连通_____，当备用服务器启动后，它可以获得该区所有的_____，包括已占用轨道信息。

5. ATS 服务器倒机操作可通过按压_____右上端 "PrtSc SysRq" 印屏键，选择相应的服务器。

6. 进入应用服务器工作界面（图3-1），可在通道状态栏中检查服务器当前通道连接状态，✗中断 表示通道_____；✓已连接 表示通道_____，且本地为主机；⟲备用 表示通道_____，但本地为备机。

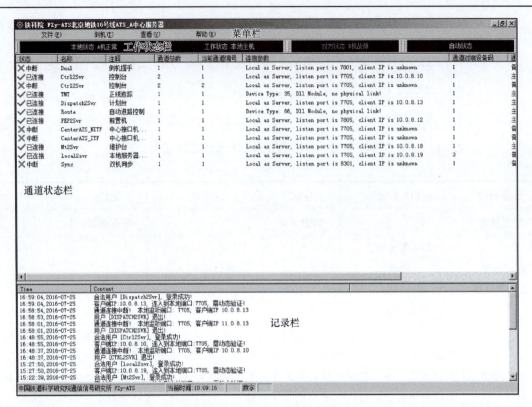

图 3-1　应用服务器工作界面

7. 倒机切换后在工作状态栏中检查当前工作状态，本地主机表示＿＿＿＿＿＿，对方主机表示＿＿＿＿＿＿状态；"本地主机"为绿色字体，"本地备机"为黄色字体。

二、计划与决策

请根据任务要求，确定小组成员并进行合理分工，制订详细的工作计划。
（组建 4~6 人团队，并进行团队成员分工与计划）

1. 小组成员分工：

2. 工作计划：

三、任务实施

1. ATS 状态检查

对车站 ATS 进行初步状态检查，请在表格中记录各项检查结果。

设备名称	检查内容	检查结果
车站工作站	1）设备正面、背面各指示灯状态 2）用户访问登录 3）进程运行情况 4）网络连通情况	
工作服务器	1）设备正面背面各指示灯状态（同中心服务器指示灯情况） 2）网络连通情况	
备用服务器 （原工作服务器）	1）设备正面背面各指示灯状态（同中心服务器指示灯情况） 2）网络连通情况	
232/422 转换器	1）设备正面背面各指示灯状态（同中心设备） 2）连通情况	

小贴士：针对以上状态检查结果，若工作服务器发现异常，需及时进行故障上报，各部门协调进行应急故障处置，以免备用服务器也发生故障，影响正常运营。若工作站、工作服务器、转换器均正常，需等运营结束后对故障服务器进行重启倒机，进行故障服务器的处理。

2. ATS 倒机操作（图 3-2）：单击菜单栏中_____按钮，在下拉菜单中选择_____。

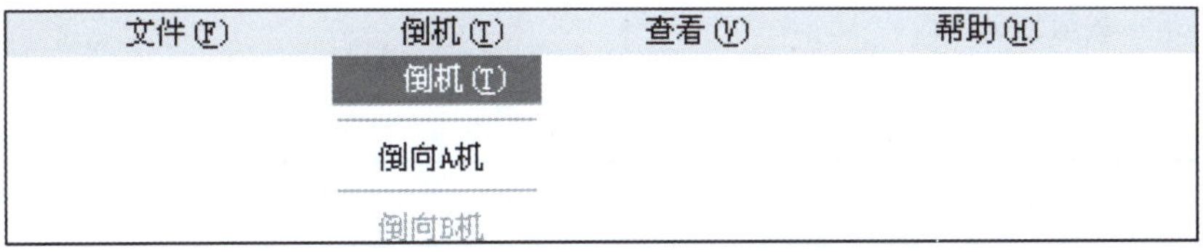

图 3-2 ATS 车站服务器菜单栏

3. 重启服务器：

1）关闭程序，单击_____，选择_____。

2）打开 Windows 开始菜单，单击_____。

3）服务器重启后，检查_____，本机重启完毕。系统运行 5min 后，进行_____。

4）对另一台服务器进行_____。

想一想：如果通过切换操作以及重启操作后，主机或备机服务器仍然未恢复正常，下一步该如何处理？

四、检查

1. ATS 设备状态检查是否完整，检查结果是否正确。

2. 是否按照流程进行操作，是否正确执行 ATS 倒机与重启操作，如不正确提出改进意见。

五、评估

项目	评价指标	自评	互评
专业技能	能够完成 ATS 设备状态检查	□合格 □不合格	□合格 □不合格
	正确执行 ATS 倒机与重启操作	□合格 □不合格	□合格 □不合格
	完整填写工作页	□合格 □不合格	□合格 □不合格
工作态度	正确填写 ATS 设备状态检查单	□合格 □不合格	□合格 □不合格
	操作流程符合规范	□合格 □不合格	□合格 □不合格
	分工明确，配合默契	□合格 □不合格	□合格 □不合格
个人反思		完成任务的质量、时间，是否达到最佳程度，针对不足之处，请提出个人改进建议	
教师评价	教师签字　　　　年　月　日	成绩	
		□合格　　□不合格	

任务二 DCS 设备维护与检修

任务名称	DCS 设备维护与检修	学时	4 学时	班级	
学生姓名		学生学号		任务成绩	
实训设备、工具及仪器	DCS 无线机柜、APM 服务器、螺钉旋具套装、防静电设施	实训场地	理实一体化教室	日期	
任务描述	某车站管辖区域内所有列车突发紧急制动，紧急制动缓解后，在该区域内只能以 RM 模式运行。ATS 站场图无法显示列车逻辑区段占用状态，故障控区信号机强制点亮。通过故障现象进行原因分析，区域内列车均出现紧急制动，排除单列车车载设备故障，通过故障诊断判断出集中站 DCS 网络连接发生故障。对每个终端进行检查，通过重启交换机恢复故障。				
任务目的	能够正确识别故障现象，通过现象推断故障原因，通过网络连接检查诊断故障，能够正确执行交换机的重启操作。				

一、资讯

1. 如果人机界面当前模式显示为_____，表示当前处于 RM 模式，即_____。
2. RM 模式下，列车实时定位_____，采取_____限速。
3. 设备集中站的现地控制工作站可以显示监控范围内的线路及车站布局、_____、_____、_____、列车识别号、控制权限等。
4. DCS 系统中 APM 服务器可以实现：存储_____，准确地呈现_____视图，直观展示网络的_____关系。
5. DCS 无线机柜网络连接检查流程如下：

1）打开_____，将其抽出，显示界面，如图 3-3 所示。

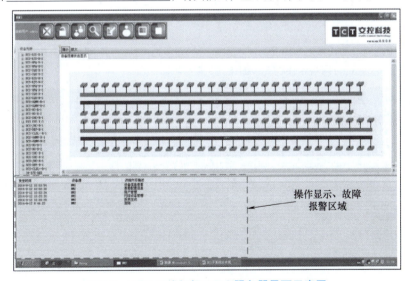

图 3-3 DCS 无线机柜 APM 服务器界面示意图

2）图 3-3 中，每个 对应一个 AP，一个________，如图 3-4 所示。

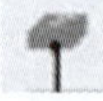

AP名	IP地址	子网掩码
AP-R-26-01	16.9.26.1	255.252.0.0
AP-R-26-02	16.9.26.2	255.252.0.0
AP-R-26-03	16.9.26.3	255.252.0.0
AP-R-26-04	16.9.26.4	255.252.0.0
AP-R-26-05	16.9.26.5	255.252.0.0
AP-R-26-06	16.9.26.6	255.252.0.0
AP-R-26-07	16.9.26.7	255.252.0.0

图 3-4　DCS 无线机柜 AP 对应 IP 显示信息

双击 图标，显示以下界面，如图 3-5 所示。

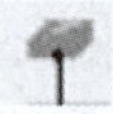

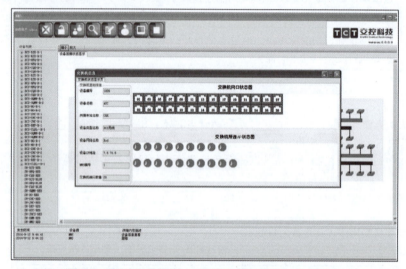

图 3-5　DCS 无线机柜 APM 服务器界面网口信息示意

3）图 3-5 中的网口和状态正常情况为（□绿色　□红色），双击一个网口，出现以下界面，在界面上执行____________进行网络连接检查，如图 3-6 所示。

```
C:\Users\notlily>ping 192.168.1.1

正在 Ping 192.168.1.1 具有 32 字节的数据:
来自 192.168.1.1 的回复: 字节=32 时间=117ms TTL=64
来自 192.168.1.1 的回复: 字节=32 时间=12ms TTL=64
来自 192.168.1.1 的回复: 字节=32 时间=21ms TTL=64
来自 192.168.1.1 的回复: 字节=32 时间=183ms TTL=64

192.168.1.1 的 Ping 统计信息:
    数据包: 已发送 = 4, 已接收 = 4, 丢失 = 0 (0% 丢失),
往返行程的估计时间(以毫秒为单位):
    最短 = 12ms, 最长 = 183ms, 平均 = 83ms
```

图 3-6　网络连接检查实例

二、计划与决策

请根据故障现象和任务要求,确定所需要的检测仪器、工具,并对小组成员进行合理分工,制订详细的诊断和修复计划。

1. 实训设备、工具及仪器:

2. 小组成员分工:

3. 工作计划:

三、任务实施

1. 明确故障现象。

中心:站场图上显示_____。

车站:_____。

1) 现地工作站_____。

2) 该区域内的列车_____。ATS 站场图无法显示列车逻辑区段_____。

3) 故障控区信号机_____。

列车:该控区内所有列车_____,CM 模式(□可用 □不可用),请求降为_____。

2. 原因分析。

通过故障现象进行原因分析,区域内列车均出现紧急制动,排除(□车载 □轨旁)故障。因 ATS 现地工作站并未显示控区 ZC 故障,也未提示与 ZC、CI 和邻站通信中断,推断为:(□DCS 无线网络故障 □DCS 有线网络故障)。

3. 网络连接检查。

对每个终端进行检查,检查发送数据包数目是否与接收数一致,是否存在数据包丢失。

发送数据包数量	接收数据包数量	接收数据是否完整

4. 重启交换机。
关闭_____。

四、检查

1. 检查交换机界面灯位是否正常，线缆指示灯是否均为绿色。

2. 通过 PING 操作，检查任意两个 IP 地址之间是否存在数据丢失。

五、评估

项目	评价指标	自评	互评
专业技能	正确识别 DCS 服务器故障现象	□合格 □不合格	□合格 □不合格
	能够正确判断故障设备	□合格 □不合格	□合格 □不合格
	能够进行 DCS 网络连接检查	□合格 □不合格	□合格 □不合格
工作态度	根据咨询信息认真进行操作	□合格 □不合格	□合格 □不合格
	故障排查耐心细致	□合格 □不合格	□合格 □不合格
	分工明确，配合默契	□合格 □不合格	□合格 □不合格
个人反思		完成任务的质量、时间，是否达到最佳程度，针对不足之处，请提出个人改进建议	
教师评价	教师签字　　　　年　月　日	成绩	
		□合格　　□不合格	

任务三 ZC 设备维护

任务名称	ZC 设备维护	学时	4 学时	班级	
学生姓名		学生学号		任务成绩	
实训设备、工具及仪器	ZC 主机服务器、螺钉旋具套装、防静电设施	实训场地	理实一体化教室	日期	
任务描述	某区域列车运行控制故障，导致区域内列车全部紧急制动，该区段失去 CBTC 级别运行能力，无法生成移动授权 MA，请求进入 RM 模式；故障控区生成强制点灯命令，点亮控区信号机；准备进入故障区域的列车 MA 只到边界处，停在控区边界，转换为点式 CM 模式进入故障控区运行。通过区域列车运行控制的故障现象，对故障设备进行诊断。				
任务目的	能够通过区域列车运行控制的故障现象，对故障设备进行综合分析。通过故障处理掌握 ZC 双系切换方法，通过检查设备，掌握设备正常与异常运行状态。				

一、资讯

1. 移动授权是移动闭塞能够实现的重要条件，它能够使得原有的_____升级为_____。

2. MA 是 ZC 根据各列车的当前位置、行驶方向、计算机联锁信息以及其他设备的状态综合运算得出的_____。

3. MA 的计算是 ZC 设备的主要功能之一，列车没有 MA 只能降级至_____运行。

4. 区域列车运行控制发生故障，首先将故障定位至（□车载 □车站）设备。

5. 进入故障区域的列车 MA 只到边界处，需降至点式 CM 运行通过故障区段，降级至点式 CM 后，列车通过（□应答器 □无线通信）获取前方线路状态。

6. 需要降级到点式 CM 或 RM，说明移动授权不可用，移动授权不可用，可初步将故障定位到_____、_____、_____。

7. 正常情况下，ZC 操作面板如图 3-7 所示，上半部按钮指示灯_____，下半部"A 系工作"和"B 系工作"按钮指示灯_____，所有红色按钮指示灯_____。

8. 当发现 ZC-A 系宕机，但没有及时地切换到 B 系，如图 3-7 所示，"A 系运行"和"B 系运行"灯_____，需手动按压_____按钮。

9. 完成双系倒切工作后，还需要完成_____。

10. FTSM 容错与安全管理单元如图 3-8 所示，包括_____、_____、_____、_____四种板卡。

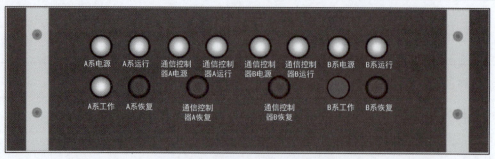

图 3-7 ZC 双系宕机操作面板状态

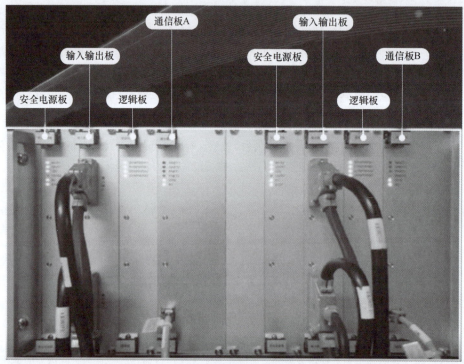

图 3-8 FTSM 容错与安全管理单元

11. 通信控制器的电源灯、网络连接灯及网络交换灯正常情况下，如图 3-9 所示，灯位状态为：

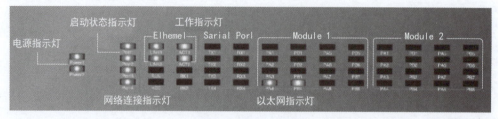

图 3-9 通信控制器

二、计划与决策

请根据故障现象和任务要求，确定所需要的检测仪器、工具，并对小组成员进行合理分工，制订详细的诊断和修复计划。

1. 实训设备、工具及仪器：

2. 小组成员分工：

3. 工作计划：

三、任务实施

1. 明确故障现象。
1）区域内列车_____。
2）现地工作站显示_____。
3）准备进入故障区域的列车_____。
2. 故障原因分析。
通过设备状态以及界面显示状态：_____。将故障定位至_____。

3. ZC 双系倒切。

手动按压_____按钮，观察指示灯状态为：_____。

4. ZC 运行状态恢复确认。

（1）ZC 主机操作面板状态确认。

检查 3U 操作指示面板上的指示灯状态和带灯按钮的指示灯状态：

灯位	电源指示灯	系统运行指示灯	通信控制器电源指示灯	通信控制器运行指示灯	A 系工作指示灯	B 系工作指示灯
状态						

判断当前面板指示状态是否正常：_____。

（2）板卡灯位检查。

请根据检查结果填写下表，检查项目结果正常的划"√"；如有异常请划"×"，并在备注中说明。

电路板/模块	指示灯位置	正常状态	检查记录 A 系	检查记录 B 系
安全电源板	IN12V	常亮		
	12VS1	逻辑板正常工作后点亮		
	12V	常亮		
	12VS2	上电点亮后待 12VS1 点亮后熄灭		
	5V	常亮		
	S12V	常亮		
通信板	GNET1	接收到数据闪烁		
	GNET2	接收到数据闪烁		
	PNET1	常灭		
	PNET2	常灭		
	DYN	0.1s 闪烁		
	5V	常亮		
逻辑板	DYNPWRA1	常亮		
	DYNPWRB1	常亮		
	DYNPWRA2	常亮		
	DYNPWRB2	常亮		

（3）通信控制器及处理单元灯位检查结果是否正常：_____。

5. 销点销记。

作业完毕，试验良好，且经_____恢复正常，销点销记。

四、检查

1. 检查 ZC 双系切换操作是否正确实施。

_____

2. 检查 ZC 设备状态检查是否完整并正确，如不正确提出改进意见。

_____

五、评估

项目	评价指标	自评	互评
专业技能	正确识别 ZC 设备故障系统的状态	□合格　□不合格	□合格　□不合格
	正确进行 ZC 双系切换操作	□合格　□不合格	□合格　□不合格
	能够进行 ZC 设备状态检查	□合格　□不合格	□合格　□不合格
工作态度	正确查阅设备检查清单	□合格　□不合格	□合格　□不合格
	按照规范流程执行操作任务	□合格　□不合格	□合格　□不合格
	具备基本的信息技术应用能力	□合格　□不合格	□合格　□不合格
个人反思		完成任务的质量、时间，是否达到最佳程度，针对不足之处，请提出个人改进建议	
教师评价	教师签字　　　年　月　日	成绩　　□合格　　□不合格	

任务四　电源设备维护

任务名称	电源设备维护	学时	4学时	班级	
学生姓名		学生学号		任务成绩	
实训设备、工具及仪器	UPS电源设备、电工工具、螺钉旋具套装、防静电设施	实训场地	理实一体化教室	日期	
任务描述	某区域所有转辙机转换动力不足，技术人员即刻进行故障诊断，信号人员首先将故障定位至该集中站电源设备。通过检查UPS设备，测量电源设备的输入输出电压，查找故障设备。进行电源设备主备切换，最后完成转辙机转换动力不足故障诊断与检修。				
任务目的	能够测量电源设备的输入输出电压，掌握设备正常与异常的运行状态，掌握电源设备主备切换方法。				

一、资讯

1. 信号电源屏是向地铁线路的正线、控制中心、车辆段及试车线的所有的信号系统设备，提供_____。

2. 模块化信号电源屏能够根据不同的用电要求，通过选配不同的高频开关电源模块，实现_____。交流三相转辙机模块采用_____，交流_____通过UPS输出配电直接输出。

3. 信号电源屏组成按功能分主要包括_____等部分。电源屏由外电网输入_____，经输入配电后进入电源模块进行_____处理，处理后的电压再经过适当的转换变换为能直接为信号设备供电的洁净电源，通过输出端子为负载供电。

4. 当市电输入正常时，UPS将_____供应给_____使用，此时的UPS就是一台交流稳压器，同时它还向_____充电。

5. 通过UPS机柜屏幕左侧的原理柜进行电流图检查，正常情况下电流图显示如图3-10所示，_____、_____、_____点亮绿色，_____和_____灭灯。

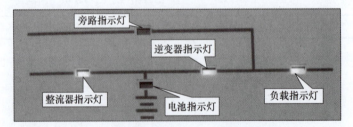

图3-10　试车线、列检库UPS模拟电流图

34

6. 图 3-11 为 UPS 内部风扇，对 UPS 进行维护检修时需检查_____，用手靠近风扇，感觉有风吹出。检查风扇转动正常，无异响。

图 3-11　UPS 内部风扇

7. 测量电源屏输入电压可通过电源屏柜门后的测试端子，如图 3-12 所示，分别测量_____和_____的相电压及线电压。

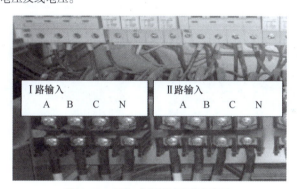

图 3-12　输入电源电压测试端子

8. 电源屏输出电压可通过电源输出接线端子排，如图 3-13 所示，对各个设备的_____进行测量。

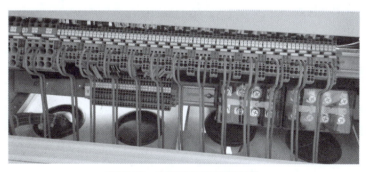

图 3-13　电源输出接线端子排

9. 电源屏输出 ZD6 电动转辙机动作电源电压为_____。

10. 通过电源屏输入指示灯。可确定电源屏当前使用哪一路输入，如图 3-14 所示，使用的是_____。

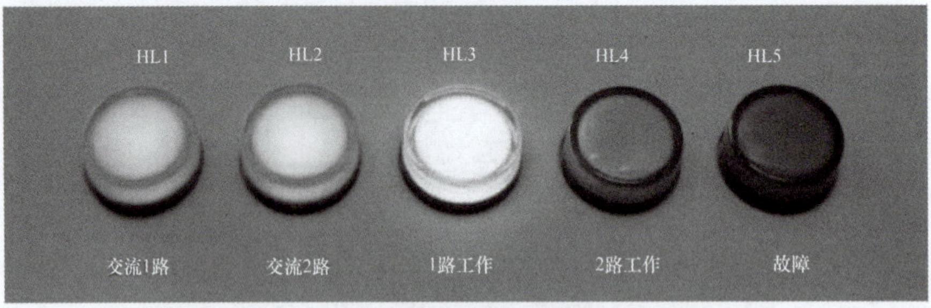

图 3-14 电源屏输入指示灯

11. 电源屏输入测试可通过找到 QF1 和 QF2，如图 3-15 所示。QF1 是_____，QF2 是_____。两路电源转换的方法为：断开相应的电源输入空开，如现在 I 路电源输入，断开_____，电源自动切换到另一路工作，将断开的空开_____。

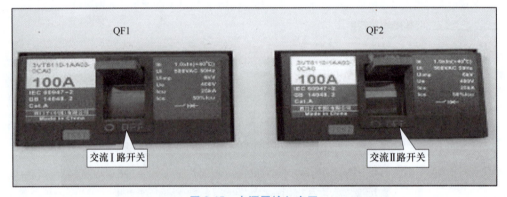

图 3-15 电源屏输入空开

二、计划与决策

请根据故障现象和任务要求，确定所需要的检测仪器、工具，并对小组成员进行合理分工，制订详细的诊断和修复计划。

1. 实训设备、工具及仪器：

2. 小组成员分工：

3. 工作计划：

三、任务实施

1. UPS 工作状态检查。

（1）电流图检查结果记录填写至下表：

灯位	整流器指示灯	逆变器指示灯	负载指示灯	状态指示灯	旁路指示灯	电池指示灯
状态（亮 or 灭）						
实施人			检查时间			

（2）检查 UPS 风扇运行情况记录：_____

2. 输入电压测试，请将输入电源电压测试记录填写至下表：

测试项目	Ⅰ路			Ⅱ路		
相电压	A 相	B 相	C 相	A 相	B 相	C 相
	AC V	AC V	AC V	AC V	AC V	AC V
线电压	A 相-B 相	B 相-C 相	C 相-A 相	A 相-B 相	B 相-C 相	C 相-A 相
	AC V	AC V	AC V	AC V	AC V	AC V

3. 输出电压测试，请在下表中填写输出电源电压测试结果：

序号	输出电源名称	输出端子名称	实测电压值/V	备注

说明：1. 输出电源名称：填写端子的实际用途。
　　　2. 输出端子名称：填写电源屏序号+端子名称，如"电源屏 1 的 89-2/3、4/5"，填写"1D89-2/3、4/5"；

电源输出电压实际测试结果（满足 or 不满足）：_____

4. 两路电源输入测试。

1）确认电源屏当前使用哪一路电：_____
2）执行两路电源转换，电源屏输入指示灯显示为：_____
3）断开的空开重新闭合，电源屏输入指示灯显示为：_____

5. 故障登记与问题上报。

请正确描述故障情形与操作过程：_____

想一想：如果未及时上报导致电源系统未能及时检修，后续发生双路故障，将导致的后果可能是：

四、检查

1. 检查两路电源切换后,转辙机转换动力是否复位。

2. 检查电源设备状态,检查电压测试过程是否完整并正确。

五、评估

项目	评价指标	自评	互评
专业技能	按照流程进行设备检查操作	□合格 □不合格	□合格 □不合格
	正确执行两路电源切换	□合格 □不合格	□合格 □不合格
	完整填写工作页	□合格 □不合格	□合格 □不合格
工作态度	注意安全操作	□合格 □不合格	□合格 □不合格
	仪器设备及场地恢复	□合格 □不合格	□合格 □不合格
	能够总结工作经验	□合格 □不合格	□合格 □不合格
个人反思		完成任务的质量、时间,是否达到最佳程度,针对不足之处,请提出个人改进建议	
教师评价	教师签字 年　月　日	成绩 □合格 □不合格	

项目四 车载列车自动控制系统维护与检修

任务一 车载 ATP 设备维护与检修

任务名称	车载 ATP 设备维护与检修	学时	4 学时	班级	
学生姓名		学生学号		任务成绩	
实训设备、工具及仪器	防静电吸尘器、T8 花型螺钉旋具	实训场地	理实一体化教室	日期	
任务描述	请按照以下"1 号线 ATP 设备季检维护指引",对车载 ATP 设备进行季检维护,并按照要求填写"设备季检维护记录表"。					
任务目的	能够正确执行车载 ATP 设备的维护,能够根据车载 ATP 指引文档进行设备清扫除尘、外观检查、线缆连接、工作状态、外部供电检查。					

一、资讯

1. 车载 ATP 主机位于_____,由_____、_____、_____、_____和_____组成。

2. 电源板采用双电源冗余模块,任意一块均能满足系统运行供电需求。每块电源板设置_____灯位,表明外部电源接入状态,该灯点亮,表明_____。

3. 通信板在正常运行时,工作指示灯通过_____来表明本通信板的工作状态。如果通信板某端口没有与外部的数据通信,则相应指示灯_____。

4. 车载 ATP 给出常用制动,如果常用制动输出失败,首先检查_____的万可接线端子排空开是否闭合。

5. 检查 ATP 接口层 I/O 输出板是否与母板接触良好前,首先应该断开_____。

6. 针对车载设备的基本维护,需要准备仪器器具包括:_____ _____。物料包括_____等。

7. 维护检查安全措施需按照_____执行,作业前需进行_____,完成工作前_____。

8. 车载设备的日常维护包括:_____。

9. 车载 ATP 工作状态检查主要通过检查设备各板卡_____状态,确认设备工作状态是否正常。

10. 设备的外部供电检查通过使用_____依次测量_____。

11. 对设备进行季检维护后需及时填写_____。

12. 车载 ATP 设备清扫包括：

1）切断电源：断开驾驶室背屏的_____，然后再断开_____（ATC 总电源），以切断所有_____的工作电源。

2）机柜内、外部设备除尘：用毛刷和防静电吸尘器对_____进行除尘清扫，确保机柜内、外部清洁无尘土。

3）电源板卡除尘：佩戴防静电手环，将电源板卡逐一拆除对各电源板卡进行_____。

13. 车载 ATP 设备及其线缆的外观和安装检查包括：

1）目视检查各插箱、各板卡的_____，确认车载 ATP 设备各插箱及其板卡外观良好，无_____、无_____、无_____情况。

2）目视检查车载 ATP 设备_____，确认车载 ATP 设备各线缆及其插接器没有破损情况。

3）目视检查并确认车载 ATP 各插箱前后面板处插接线缆_____；线缆插接器_____，插接器固定螺钉_____，防松标记_____，螺钉位置与防松标记匹配。

4）目视检查并确认车载 ATP 板卡_____，固定_____且安装紧固，各插箱螺钉的防松标记清晰可见，螺钉位置与防松标记匹配。

5）目视检查并确认车载 ATP 各插头及_____外观良好，安装牢固，相关线缆无破损情况。

6）目视检查车载 ATP 机柜内部_____外观良好，安装牢固，相关线缆无破损情况。

14. 当车载 ATP 设备完成启动后，按照"板卡工作状态检查工作指引"检查设备各板卡_____，确认设备工作状态是否正常，下表为主控板灯位检查表。

指示类型	说明		LED 灯显示定义
工作状态指示	工作电源指示，绿色		常亮，表示输出电源正常
	工作状态指示，红色		闪烁，表示工作状态正常
	主备系指示，红色		闪烁，表示本系为主系
			常灭，表示本系为备系
	取二表决指示，蓝色		常亮，取二失败时闪烁
通信状态指示	指示各子系统通信状态：正常工作，有数据接收时闪烁绿色灯光 如果该灯常灭，表明该灯对应的内部通信通道连接已经断开	01	双系同步接收指示
		02	无定义，常灭
		03	左侧输入 2 板
		04	左侧输出板
		05	左侧通信板
		06	无定义，常灭
		07	无定义，常灭
		08	左侧输入 1 板
		09	右侧输入 1 板
		10	右侧输入 2 板
		11	右侧输出板
		12	右侧通信板
		13	无定义，常灭
		14	无定义，常灭
		15	无定义，常灭
		16	双系同步发送指示

15. 通过 VOBC 机柜侧门处_____进行车载 ATP 外部供电检查，如图 4-1 所示。用万用表_____档依次测量端子排处_____工作电源。

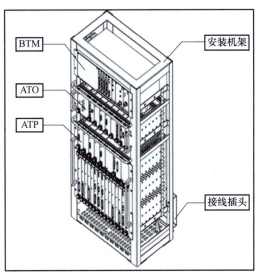

图 4-1　VOBC 机柜

16. 车载 ATP 插箱工作电源测量方法及参数指标如下表所示，ATP 外部供电参考指标为_____。

测量项目	测量方法	参考指标
ATP 插箱工作电源（DC 110V）	用万用表直流档测量端子排：41 端子（110V+）和 45 端子（110V-）电压。	DC 77~137.5V

二、计划与决策

请根据任务要求，确定所需要的检测仪器、工具，并对小组成员进行合理分工，制订详细的工作计划。

1. 实训设备、工具及仪器：

2. 小组成员分工：

3. 工作计划：

三、任务实施

1. 安全准备。

参考"运营工程一般工作安全措施工作指引",在下方表格中完成潜在危险与安全措施分析项的填写。

序号	潜在危险	安全措施
1		
2		

2. 车载 ATP 设备清扫与外观检查。

1)设备清扫除尘　　（□完成　　□未完成）
2)车载 ATP 设备及其线缆的外观和安装检查　　（□完成　　□未完成）
3)车载 ATP 设备工作状态检查。　　（□完成　　□未完成）
4)车载 ATP 设备外部供电检查。　　（□完成　　□未完成）
5)填写 ATP 设备季检维护记录表。

填写要求：1. 维护项目（选填：清扫除尘；外观检查；线缆连接；工作状态；外部供电）；检查结果完成且正常划"√"；异常划"×",并在备注中说明。

3. 板卡灯位状态请按照工作指引的规定进行检查,若有灯位显示异常,请在备注中详细记录。

序号	维护项目	维护内容	确认结果	备注	记录员	维护员

四、检查

1. 检查是否按照安全维护指引实施作业。

2. 对照维护清单，检查所有维护项目是否正确实施，如不正确提出改进意见。

五、评估

项目	评价指标	自评	互评
专业技能	按照流程进行维护操作	□合格 □不合格	□合格 □不合格
	识别车载 ATP 设备工作状态	□合格 □不合格	□合格 □不合格
	完整填写维护记录表	□合格 □不合格	□合格 □不合格
工作态度	维护过程注意安全操作	□合格 □不合格	□合格 □不合格
	仪器设备及场地恢复完好	□合格 □不合格	□合格 □不合格
	正确识读设备操作说明书	□合格 □不合格	□合格 □不合格
个人反思		完成任务的质量、时间，是否达到最佳程度，针对不足之处，请提出个人改进建议	
教师评价	教师签字　　　　　年　月　日	成绩　　　　　　　　　　　　　　　　□合格　□不合格	

任务二 车载 ATO 设备维护与检修

任务名称	车载 ATO 设备维护与检修	学时	4 学时	班级	
学生姓名		学生学号		任务成绩	
实训设备、工具及仪器	车载 ATO 主机、万用表、螺钉旋具套装	实训场地	理实一体化教室	日期	
任务描述	ATO 模式驾驶列车，到站停准停稳后，发现车门无法打开，此时 HMI 工作正常，列车静止，信号人员检查 ATO 输出量是否正确，对异常状态进行故障诊断与修复。					
任务目的	能够正确认知 ATO 输出指示，并能识别指示结果，能够根据车辆维修手册进行故障的诊断与排除。					

一、资讯

1. ATO 车门控制的必要条件为_____、_____。车门打开功能的输入是来自 ATP 功能的车门释放，车门打开功能的输出将车门打开命令发给_____。

2. ATO 机笼内包括有_____、_____、_____和_____板卡。

3. 主机板负责 ATO 子系统的_____，在正常运行时，主机板电源指示灯_____，工作指示灯_____。

4. 控车板输入电压_____V，控车板主要负责输出控制列车运行的_____、以及_____。

5. I/O 板面板上有 24 个 LED 指示灯，其中前 16 个灯表示_____信号，后 8 个灯表示_____信号。

6. 板卡不能启动时，建议处理措施为_____。

7. 车门状态信号异常的故障表现为：门打开时_____，或门关闭时_____。

8. 车载 ATO 的故障诊断可通过_____与_____检查设备运行状态。

9. 车载 ATO 主机机笼由_____、_____、_____、_____、_____以及_____组成，如图 4-2 所示。

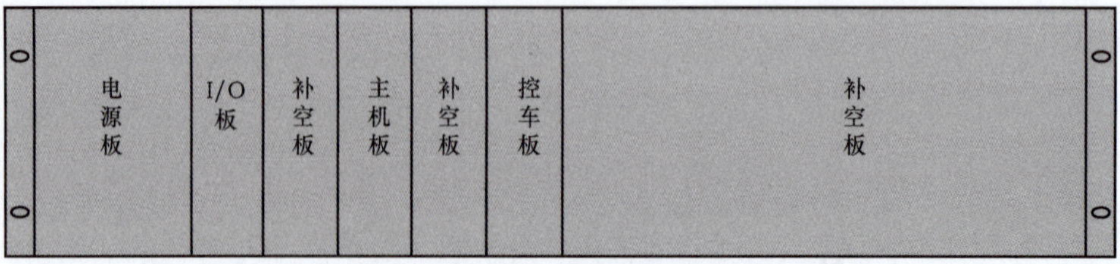

电源板	I/O板	补空板	主机板	补空板	控车板	补空板

图 4-2 ATO 主机机笼组成

项目四 车载列车自动控制系统维护与检修

10. 任务执行前需对设备工具进行安全检查，并形成"工作前安全交底记录表"。安全交底记录包括：_____、_____、_____、_____、开关门模式状态等。

11. 开关门状态反馈故障检测步骤为：

1）ATC 断电：如图 4-3 所示，拉下_____，断开 ATC 电源。

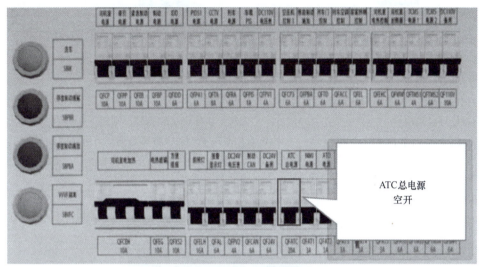

图 4-3　ATC 电闸指示

2）检查 ATO 的_____是否接触良好，若存在虚接等问题，采用紧固等措施进行处理，然后上电检查故障是否恢复，否则转下一步。

3）在 ATC 正常有电的情况下，通过手动操作打开车门，检查_____的 12 和 13 灯是否为常亮状态。若不是常亮状态，则 ATO 开门响应错误。

4）在 ATC 正常有电的情况下，通过手动操作关闭车门，检查_____的 12 和 13 灯是否为常灭状态。若不是常灭状态，则 ATO 关门响应错误。

12. 通过车载驾驶台的"门选模式调整旋钮"可调整门控模式，如图 4-4 所示，其中 MM 表示_____、AM 表示_____、AA 表示_____。

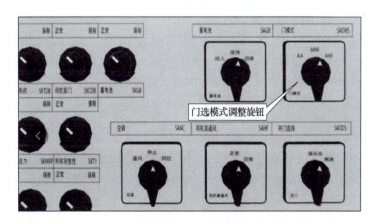

图 4-4　门选模式调整旋钮

13. 至少需要满足以下开门条件时才能打开允许门侧的车门：

1）列车处于_____状态。

2）列车处于_____状态。

3）人机显示 ◀ ，表示_____，或人机显示 ▶ ，表示_____。

14. 门选模式故障检测步骤为：

1）ATC 断电，断开 ATC 空开。

2）检查 ATO 的 I/O 板是否与母板接触良好，若存在_____问题，则对其采用_____措施进行处理，然后上电检查故障是否恢复，否则转下一步。

3）检查重载插接器 J15 和 X15 是否接触良好；若存在_____等问题，则对其采用紧固等措施进行处理，然后_____，确认故障是否恢复。确定接触良好，则转下一步。

4）如图 4-5 所示，使用_____检查 J15 的 7、35 和 42 针脚与列车万可接线端子 XT1 的 27、29 和 28 针脚是否对应连通，若不导通，则对 J15 及车辆侧万可接线端子进行检查。确定导通，则转下一步。

图 4-5　VOBC 机柜端子排

5）将 ATC 上电，在_____分别处于 MM、AA 和 AM 时，使用万用表测量列车万可接线端子 XT1 的 27、29 和 28 针脚对车辆 110V 地之间的电压，是否对应为 110V，若否，则联系车辆方查找是否为开关本身故障或者配线错误；若是，则认为 ATO 模式输出错误。

15. 步骤更换车载 ATO 的 I/O 板，需注意操作中的安全要求。

1）必须遵守处理电路模块的安全和保护提示。

2）不可自行对车载 ATC 设备做任何改变或更改。

3）卸除和插入模块只能在机柜处于_____状态时进行。如果在机柜带电情况下卸除和插入模块，则可能引起模块或机柜受损或毁坏。更换模块完成之后，应重启整个_____设备。

4）触摸各功能板前，为防止通过电路放电，首先要进行_____。处理电路板时，必须佩戴_____。

5）插入/卸除时注意_____，_____插入/卸除把手，如图 4-6 所示，_____拔插板卡。

图 4-6　VOBC 机柜板卡安装

二、计划与决策

请根据故障现象和任务要求，确定所需要的检测仪器、工具，并对小组成员进行合理分工，制订详细的诊断和修复计划。

1. 实训设备、工具及仪器：

2. 小组成员分工：

3. 工作计划：

三、任务实施

1. 明确故障现象。

请详细描述故障情况：（要求包括车门控制情况；人机显示状态；各设备状态）

_____
_____

2. 安全交底。

检查日期	
确认人员	
检查项目	检查内容	确认情况
工具准备		
机柜固定情况	板卡：_____ 接线：_____ 稳固：_____	
文档记录	维护：_____	
	维修：_____	
ATO 主机板卡		
开关门模式		

3. 板级状态检查：对照"车载 ATO 板级故障检查表"进行车载 ATO 板级故障检查，填写相关检查结果。

序号	步骤	故障表现	检查结果
1	主机板	主机板不能启动，工作指示灯灭，人机显示 ~~ATO~~	正常 [　　] 异常 [　　]
2	I/O 板	I/O 板不能启动，输入输出通道灯位异常点亮或者熄灭	正常 [　　] 异常 [　　]
3	控车板	控车板不能启动，各灯均灭	正常 [　　] 异常 [　　]
4	电源板	电源板不能启动，输出指示灯灭	正常 [　　] 异常 [　　]

车载 ATO 板卡显示状态检查结论：

项目四　车载列车自动控制系统维护与检修

4. 对照"车载 ATO 数字输入输出量检查表"进行车载 ATO 数字输入输出量检查，填写相关检查结果。

序号	步骤	故障表现	检查结果
1	门打开	I/O 板 6 灯、7 灯亮	正常 [　　] 异常 [　　]
2	门关闭	I/O 板 6 灯、7 灯灭	正常 [　　] 异常 [　　]
3	开门模式 打在不同模式	I/O 板 12 灯、14 灯、16 灯显示不对应	正常 [　　] 异常 [　　]

车载 ATO 数字输入输出量状态检查结论：

5. 开关门状态反馈检测。

步骤	操作内容	状态记录
上电检查		
接线情况		
灯位状态		

开关门功能检测结论：

6. 门选模式故障检测。

步骤	操作内容	状态记录
ATC 断电		
接线情况		
插接器检查		
导通检测		
ATC 上电		
电压检测		

门选模式故障检测结论：

7. 车载 ATO 板卡更换。

（1）卸除模块：

1）使用 DB 头螺钉旋具_____。

2）从模块面板上拔去_____。

3）松开面板螺钉，但不_____。

4）松开把手上的螺钉。

5）通过向下按压把手来解锁卸除把手。

6）握住把手，小心卸下模块。

（2）装载模块：

1）轻轻按压插入/卸除把手，并将模块_____。

2）插入面板前端的_____。

3）拧紧面板螺钉和把手上的螺钉，以便将模块固定在插槽中。

8. 功能检测。

调整不同类型门选模式，进行功能恢复检测，填写检查结果确认表：

检测项目	检测内容	检测结果
板卡启动	主机板灯位：_____ ____板灯位：_____ ____板灯位：_____ ____板灯位：_____	
控车信号	I/O 板 6 灯； _____ _____	
输出电平	_____端口 _____端口	

9. 任务实施过程执行记录。

请在下表记录任务是否完成，如未完成，详细说明原因。

步骤	内容	执行记录
1	明确故障现象	
2	安全交底	
3	板级状态检查	
4	车载 ATO 数字输入输出量检查	

(续)

步骤	内容	执行记录
5	开关门状态反馈检测	
6	门选模式故障检测	
7	车载 ATO 板卡更换	
8	功能检测	

四、检查

1. 检查是否正确执行故障诊断，如不正确提出改进意见。

2. 检查是否正确更换板卡排除故障，如不正确提出改进意见。

五、评估

项目	评价指标	自评	互评
专业技能	正确执行数字输入输出量检查	□合格 □不合格	□合格 □不合格
	正确执行开关门状态反馈检测	□合格 □不合格	□合格 □不合格
	能够正确更换板卡	□合格 □不合格	□合格 □不合格
工作态度	实操过程注意安全事项	□合格 □不合格	□合格 □不合格
	能够深入思考发现问题	□合格 □不合格	□合格 □不合格
	能够进行标准化作业	□合格 □不合格	□合格 □不合格
个人反思		完成任务的质量、时间，是否达到最佳程度，针对不足之处，请提出个人改进建议	
教师评价	教师签字　　　　年　月　日	成绩　□合格　□不合格	

任务三 车载人机设备操作

任务名称	车载人机设备操作	学时	4 学时	班级	
学生姓名		学生学号		任务成绩	
实训设备、工具及仪器	数据解析终端、螺钉旋具套装、防静电设施	实训场地	理实一体化教室	日期	
任务描述	列车在司机手动驾驶模式下运行，因司机不慎，列车速度到达 ATP 紧急制动触发速度，但列车紧急制动尚未自动实施，导致列车长时间超速运行，直至司机手动施加制动。通过人机 MMI 进行"试闸"操作，结合车载日志进行故障检修。				
任务目的	能够识别 MMI 显示，掌握人机 MMI "试闸"操作，能够通过人机操作进行紧急制动功能的故障诊断。				

一、资讯

1. 通过单击 MMI 中_____按钮，VOBC 设备将输出_____。

2. 在 MMI 的_____位置，进行超速报警及输出紧急制动显示。

3. 在 MMI 的 1 区显示为橙色表示_____速度超过_____速度，红色表示_____。

4. 可以通过单击 MMI 设置界面中_____按钮，使"紧急制动状态"变为"未实施紧急"。

5. 车载 EBR 继电器既是紧急制动继电器，每个驾驶端设置____台，全车合计共____台。

6. 信号工作人员需定期进行 EBR 继电器测试，通过观察继电器_____状态与_____状态，再对比 VOBC 日志中_____状态进行测试。

7. 在对车载机柜进行操作时，需佩戴_____工具。

8. 车载记录数据可通过_____下载，连接_____，通过_____进行数据解析。

9. 试闸功能可在人机 MMI 操作执行，单击 MMI 右上角的_____进入设置界面，如图 4-7 所示，单击_____，进行"试闸"操作。

图 4-7 人机显示图

10. 通过 VOBC 日志可判断 VOBC 输出的紧急制动指令是否被实施，检查日志中_____与_____和实际操作是否一致。如图 4-8 红框记录所示，紧急制动指令输出后，列车反馈_____。

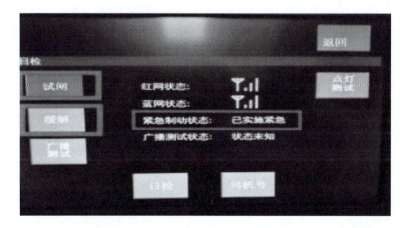

图 4-8　试闸操作 VOBC 日志样例

11. 开始"试闸"操作前，如图 4-9 所示，可以看到 MMI 中"紧急制动状态"为_____，首先需_____车辆所有施加的紧急制动；待"紧急制动状态"变为_____时，方可进行测试。

图 4-9　"试闸"操作人机显示

12. 通过 MMI 操作结合 VOBC 日志检查发现车载紧急制动不能正确输出，需考虑_____与_____的故障。

二、计划与决策

请根据故障现象和任务要求，确定所需要的检测仪器、工具，并对小组成员进行合理分工，制订详细的诊断和修复计划。

1. 实训设备、工具及仪器：

2. 小组成员分工：

3. 工作计划：

三、任务实施

1. 故障预判。

通过任务描述，明确故障现象，并列举可能的故障原因。

故障现象：_____

_____

故障原因：_____

_____

2. MMI 试闸检测。

通过人机 MMI 进行"试闸"操作，记录"试闸"操作时间为：_____
"试闸"操作实施状态为：_____

3. 日志分析。

下载并解析 VOBC 日志，检查日志中"试闸"操作时间，紧急制动是否输出。

"试闸"操作时间	紧急制动是否输出	如紧急制动输出，记录输出时间

4. 故障诊断。

结合人机操作结果日志分析，故障诊断为：_____
_____，联系相关专业技术人员进行故障修复。

5. 功能修复检测。

通过 MMI 操作_____，检查紧急制动输出是否正常。

通过 VOBC 读取_____，检查紧急制动实施是否正常。

6. 任务实施过程执行记录。

请在下表记录任务是否完成，如未完成，详细说明原因。

步骤	内容	执行记录
1	故障预判	
2	MMI 试闸检测	
3	日志分析	
4	故障诊断	
5	功能修复检测	

四、检查

1. 检查是否能正确读取 MMI 显示状态，如不能请说明原因。

2. 检查是否能够通过 MMI 操作试闸检测，检测操作是否正确。

五、评估

项目	评价指标	自评	互评
专业技能	能够识别 MMI 显示信息	□合格 □不合格	□合格 □不合格
	正确通过 MMI 操作进行紧急制动检测	□合格 □不合格	□合格 □不合格
	正确下载读取 VOBC 日志	□合格 □不合格	□合格 □不合格
工作态度	能够严于律己执行标准作业	□合格 □不合格	□合格 □不合格
	能够主动分析推理	□合格 □不合格	□合格 □不合格
	具备安全操作意识	□合格 □不合格	□合格 □不合格
个人反思		完成任务的质量、时间，是否达到最佳程度，针对不足之处，请提出个人改进建议	
教师评价	教师签字　　　　年　月　日	成绩 □合格　□不合格	

任务四　车载外围设备维护与检修

任务名称	车载外围设备维护与检修	学时	4学时	班级	
学生姓名		学生学号		任务成绩	
实训设备、工具及仪器	数据分析工具、人机操作台、VOBC实训机柜、螺钉旋具套装	实训场地	理实一体化教室	日期	
任务描述	某列车 ATP 完全防护模式运行过程中突发紧急制动，导致车厢乘客大面积跌倒，地铁技术部门相关人员即刻进行紧急制动状态处理。作为通号维修员，请针对 ATP 完全防护模式运行过程中突发紧急制动，进行故障诊断与检修。				
任务目的	能够通过车载数据分析识别列车速度检测设备故障，能够进行列车速度传感器故障检查。				

一、资讯

1. 车载 ATP 在列车运行过程中实时监督_____和某些设备状态，当发生严重超速时，输出_____，保证行车安全。

2. 紧急制动发生后，首先查看_____，MMI 上_____将显示_____。该区域红色表示当前为_____状态，黄色表示当前为_____状态。

3. _____、_____、_____导致的紧急制动不会触发降级运行，可以通过司机操作_____紧急制动，再恢复运行。其他原因导致的紧急制动列车_____，降级为_____模式或_____模式。

4. 紧急制动仅当_____才能被缓解。当列车停止后，请在司机操作台按_____按钮缓解紧急制动。

5. 在缓解紧急制动后，如降级人工驾驶，司机根据_____的指令和_____的状态人工驾驶列车运行，并保证列车的运行安全。

6. 如果不能缓解紧急制动，则重启_____。若重启后仍未缓解，而本车辆仍然要求运行，则必须切除车载 ATP，以_____模式运行。

7. 针对单列车出 ATP 全防护模式运行过程自动触发紧急制动，中心 ATS 显示_____。该列车位置所属车站_____出现列车故障状态显示。

8. 单列车触发紧急制动，首先需要测试_____，MMI 显示_____。

9. 如单列车触发紧急制动后，紧急制动不能缓解，可尝试_____。如重启车载信号设备无效，紧急制动依然不可缓解，通过关闭_____后缓解紧急制动。

10. 在列车信号设备切除情况下，司机会以_____，通过_____将列车运行至最近停车线，对列车进行故障诊断检修。

11. 通过设备外观状态无法诊断的故障，通常需要下载车载日志进行故障诊断。下载车载日志通过_____，连接_____进行数据下载与分析。

项目四　车载列车自动控制系统维护与检修

12. 从车载 ATP 下载获取的报文数据无法直接进行分析，必须对其进行整理，才能进行后续分析处理。对于车载日志报文的解析主要分为两个步骤，通过_____，首先是对数据进行预处理，其次对数据进行分析与显示。

1）数据预处理：包括：_____、_____、_____。

2）数据分析：采用_____的形式，对采集到的报文数据进行_____，并自动生成相关结果报警提示信息。

13. 紧急制动故障发生原因包括应答器采集_____信息发生错误，或速度传感器检测_____信息发生错误。

14. 如果列车通过速度传感器和雷达传感器进行测速，当测速信息不一致且超出一定阈值，列车将采取_____措施，满足_____导向_____原则。

15. 如图 4-10 所示，每个头车安装_____个测速测距传感器，位于转向架的非同侧的_____上。

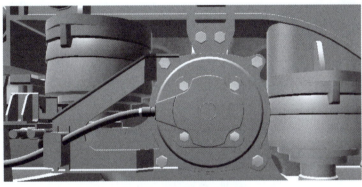

图 4-10　测速测距传感器

16. 通过数据解析终端可以生成 VOBC 速度采集数据报表，通过观察车载"输入速度"，诊断_____设备所采集的速度信息。

17. 如果列车通过速度传感器和雷达传感器进行测速，当测速信息不一致且超出一定阈值时，列车将采取_____措施，满足_____导向_____原则。

二、计划与决策

请根据故障现象和任务要求，确定所需要的检测仪器、工具，并对小组成员进行合理分工，制订详细的诊断和修复计划。

1. 实训设备、工具及仪器：

2. 小组成员分工：

3. 工作计划：

三、任务实施

1. 观察故障现象。
中心：_____
车站：_____
列车：_____
2. 数据下载。
ATP 数据的下载，首先连接_____，其次打开_____进行 ATP 报文下载。
3. 报文读取与解析。
操作_____，对车载 ATP 报文进行读取与解析。
1）数据预处理操作方法：_____
2）数据分析操作方法：_____
4. 故障分析。
通过数据分析，1 路速度传感器检测速度为_____，2 路速度传感器检测速度为
_____。
故障分析结果：_____
5. 列车测速故障诊断。
（1）VOBC 速度检测模块故障诊断。

编号	故障源	故障表现	确认记录
1	供电模块异常	其中一块测速板电源指示灯 01 灯不亮	
		4 块测速板电源指示灯均不亮	
2	工作指示灯	其中工作指示灯 02 灯不亮	
3	传感器断线	列车运行过程中，某一路速度脉冲指示灯（06～10 灯）不亮，列车紧急制动	

（2）速度传感器设备故障诊断。
1）步骤一：检查传感器是否有测试记录，并且具有_____密封垫片。
2）步骤二：传感器_____四周具有润滑油。
3）步骤三：传感器是否紧固在列车_____法兰盘上。
4）步骤四：传感器自带电缆的最小弯曲_____，不小于_____ mm。
5）步骤五：检查传感器连接电缆的插头，与列车安装架上_____对接是否紧固。
6. 速度检测功能修复。
诊断速度传感器设备故障，联系_____共同修复车辆侧传感器，通过_____确认传感器测速是否正常。
7. 过程复盘。
请在下表记录任务是否完成，如未完成，详细说明原因。

步骤	内容	执行记录
1	观察故障现象	
2	数据下载	
3	报文读取与解析	
4	列车测速故障诊断	
5	速度检测功能修复	

四、检查

1. 对照过程记录，检查是否按照流程进行操作。

2. 检查列车测速故障检查过程是否正确执行，故障原因分析是否正确。

五、评估

项目	评价指标	自评	互评
专业技能	正确执行数据分析诊断测速故障	□合格 □不合格	□合格 □不合格
	正确执行 VOBC 测速模块故障检查	□合格 □不合格	□合格 □不合格
	正确执行速度传感器故障检测	□合格 □不合格	□合格 □不合格
工作态度	具备专业思维模式	□合格 □不合格	□合格 □不合格
	具备职业安全责任意识	□合格 □不合格	□合格 □不合格
	能够回顾反思、总结提炼	□合格 □不合格	□合格 □不合格
个人反思		完成任务的质量、时间，是否达到最佳程度，针对不足之处，请提出个人改进建议	
教师评价	教师签字　　　　年　月　日	成绩　　　　□合格　□不合格	

项目五　全自动列车运行控制系统认知

任务一　FAO 系统认知

任务名称	FAO 系统认知	学时	4 学时	班级	
学生姓名		学生学号		任务成绩	
任务描述	国际按照轨道交通线路自动化程度划分了 5 层自动化等级 GoA0~GoA4。5 个等级是从人工干预驾驶的程度以及自动控制的等级进行划分的，制作列车控制自动化等级表格，对列控等级对应功能点执行情况进行对照。				
任务目的	能够对 5 个轨道交通线路自动化程度等级进行总结，明晰全自动列车运行控制的功能及其发展，通过对驾驶、监视、车辆控制 3 个角度不同功能点的分析，完成列车运行控制等级表的制作。				

一、资讯

1. GoA0 是_____，不属于自动驾驶系统的范畴。

2. 如图 5-1 所示，GoA2 等级的典型代表有_____，是自动驾驶加上_____的模式，通过_____自动驾驶列车运行，站台可以通过人工进行开关车门，通过_____驾驶列车运行。

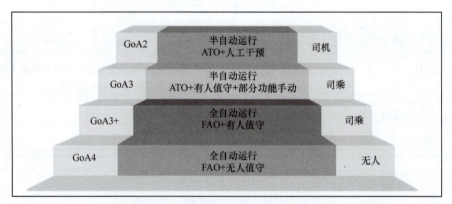

图 5-1　全自动无人运行控制系统发展

3. 如图 5-1 所示，GoA3 和 GoA4 统称为全自动运行系统，GoA3 司机不参与驾驶作业，起到_____作用。

4. DTO 是有人值守，司机在列车上但并不去驾驶列车，起到＿＿＿＿＿＿作用，即有人值守下的列车自动运行。＿＿＿＿＿＿即是有司机监督下的 ATO 驾驶。

5. UTO 是无人值守，是列车驾驶室舱门锁闭，为无人值守下的＿＿＿＿＿＿，自动化等级为＿＿＿＿＿＿。

6. 列车全自动运行系统的驾驶运行功能包括＿＿＿＿＿＿、＿＿＿＿＿＿、＿＿＿＿＿＿等。

7. 列车全自动运行系统的监视功能包括＿＿＿＿＿＿、＿＿＿＿＿＿、＿＿＿＿＿＿等。

8. 列车全自动运行系统的驾驶功能包括＿＿＿＿＿＿、＿＿＿＿＿＿、＿＿＿＿＿＿、空调照明管理等。

二、计划与决策

请根据任务要求，确定小组成员并进行合理分工，制订详细的工作计划。

（组建 4~6 人团队，并进行团队成员分工与计划）

1. 小组成员分工：

2. 工作计划：

三、任务实施

1. 从驾驶运行、监视功能、车辆控制三个角度，对列车控制基本功能进行详细的列举（各功能类别至少包括三项基本功能）：

驾驶运行：＿＿＿＿＿＿＿＿＿＿＿＿＿＿＿＿＿＿＿＿＿＿＿＿＿＿＿＿＿＿＿＿＿＿＿＿＿

监视功能：＿＿＿＿＿＿＿＿＿＿＿＿＿＿＿＿＿＿＿＿＿＿＿＿＿＿＿＿＿＿＿＿＿＿＿＿＿

车辆控制：＿＿＿＿＿＿＿＿＿＿＿＿＿＿＿＿＿＿＿＿＿＿＿＿＿＿＿＿＿＿＿＿＿＿＿＿＿

2. 请根据你对 GoA0~GoA4 的认知完成列车控制自动化等级表格的制作。

填表说明："基本功能"列填写三个角度对应的基本功能，GoA 等级下方填写对应功能的实现方式：人工、系统、人工且系统、人工或系统。

基本功能	人工视距系统	人工驾驶+ATP 防护	ATO 自动驾驶+人工干预（STO）	ATO 自动驾驶+人工监视部分干预（DTO）	全自动运行+人工监视（DTO）	全自动运行+无人干预（UTO）
	GoA0	GoA1	GoA2	GoA3	GoA3+	GoA4
驾驶运行						

（续）

基本功能	人工视距系统	人工驾驶+ATP 防护	ATO 自动驾驶+人工干预（STO）	ATO 自动驾驶+人工监视部分干预（DTO）	全自动运行+人工监视（DTO）	全自动运行+无人干预（UTO）
	GoA0	GoA1	GoA2	GoA3	GoA3+	GoA4
监视功能						
车辆控制						

四、检查

1. 检查小组成员对列车控制基本功能列举完成情况，功能列举是否完整并正确。

2. 检查组员对自动化等级表格的制作是否完整并正确，如不正确提出改进意见。

五、评估

项目	评价指标	自评	互评
专业技能	正确识别列车运行控制功能	□合格 □不合格	□合格 □不合格
	正确划分列车运行自动化等级	□合格 □不合格	□合格 □不合格
	完整制作自动化等级表	□合格 □不合格	□合格 □不合格
工作态度	耐心查阅材料	□合格 □不合格	□合格 □不合格
	思路清晰有条理	□合格 □不合格	□合格 □不合格
	勇于创新，拓展学习	□合格 □不合格	□合格 □不合格
个人反思		完成任务的质量、时间，是否达到最佳程度，针对不足之处，请提出个人改进建议	
教师评价	教师签字　　　　年　月　日	成绩　　　　　　　□合格　□不合格	

任务二　FAO 系统关键技术认知

任务名称	FAO 系统关键技术认知	学时	4 学时	班级	
学生姓名		学生学号		任务成绩	
任务描述	根据对全自动运营场景的描述，对运营场景控制流程进行流程绘制。				
任务目的	通过对全自动运营场景的流程绘制。掌握站台门车门对位隔离实现原理、全自动洗车功能实现过程及其原理，障碍物检测功能实现过程及原理。				

一、资讯

1. 全自动运行系统运行场景的分析，需要在_____时期就需进行尽可能细致的描述和详尽的设计。

2. 站台门车门对位隔离功能，在设计前期对每一扇站台门和每一扇车门进行编号，并明确其_____关系。当某一车门发生故障，列车通过_____获取到该车门故障状态后，由_____告知_____该车门故障信息，在运行过程中，ATS 根据列车的_____，在该列车抵达各车站前，ATS 下达相应的_____，使对应的站台门实现_____功能。

3. 请在图 5-2 大括号中补充完成两个对象的传输内容。

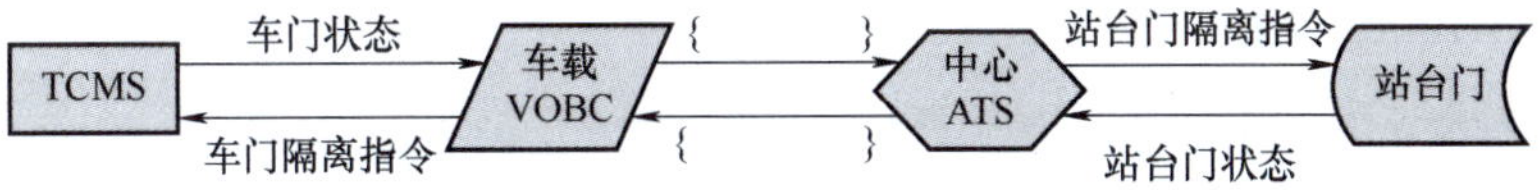

图 5-2　站台门车门对位隔离场景流程

4. 在 FAM 模式下，FAO 系统具备自动洗车功能，被洗列车自动发车至_____，再从洗车库回到其列检库位。

5. 全自动洗车由停车场派班人员根据当天_____选择空档时间设置待洗列车的_____、_____，当预设定被洗列车在_____停稳后，到预定义的洗车时刻，_____自动显示洗车提示，经行车调度_____后，自动触发_____进路。

6. 列车洗车出库时，_____系统根据洗车开始时刻，提前向_____发送开门指令（若洗车库门超过规定时间未打开，则在行调工作站发出报警），当_____且_____情况下，_____自动控制列车_____，自动完成洗车后_____，回到相应的列检库位。

7. 洗车计划全部完成后，_____提示是否关闭洗车库门，经行车调度_____后，行车综合自动化系统向洗车库门发送_____，洗车库门自动关闭。

8. 障碍物碰撞检测功能：通过在列车第 1 轮对前安装的_____，列车运行过程中有障碍物触碰检测装置后，车辆实时触发实施_____。

9. 有障碍物触碰检测装置后，车辆实施_____，同时将相应的_____传递至 VOBC 系统，VOBC 系统保持输出并_____紧急制动。

10. 有障碍物触碰检测装置后，车辆向_____发出报警，中心调度联动区间_____设备，查看现场情况，调度就近_____到事发现场处理。

11. 有障碍物触碰检测装置后，车辆向_____发出报警，_____针对碰撞区域，在一定范围内建立_____，对其余列车下达指令不得进入该防护区域，对于即将进入该防护区域的列车下达_____。

12. 全自动无人驾驶设置 RRM _____运行模式，RRM 模式通过控制中心授权列车缓解紧急制动并通过中心监督，以_____限速值移动，以此降低对运营的影响。

13. 当列车以 FAM 或 CAM 模式自动运行时，若列车_____或列车位置有效但_____无效时，车载设备立即实施紧急制动。

14. 无人驾驶列车紧急制动无法缓解时，中心在确定列车前方区段_____、道岔位置_____、信号机_____后，中心授权采用 RRM 模式运行。

15. RRM 模式，可通过具有非接触式_____功能的障碍物检测设备，结合接触式_____设备进行防护。

16. RRM 模式每次向前移动规定的固定距离后，中心可继续_____，列车根据中心授权，在_____条件下继续运行，直至重新获得_____升级自动运行。

17. 若列车连续向前运行，直至到达站台仍无法升级成功时，自动退出_____模式，由工作人员登车操作运行并进行列车检测。

二、计划与决策

请根据任务要求，确定小组成员并进行合理分工，制订详细的工作计划。

（组建 4~6 人团队，并进行团队成员分工与计划）

1. 小组成员分工：

2. 工作计划：

三、任务实施

1. 根据资讯信息中关于全自动洗车场景的描述，绘制出全自动洗车场景流程图：

2. 根据资讯信息中关于障碍物碰撞检测功能的描述，绘制出障碍物碰撞检测功能流程图：

3. 根据资讯信息中关于远程限制人工驾驶运行功能的描述，绘制出远程限制人工驾驶运行模式功能流程图：

四、检查

1. 检查流程图对功能的描述完成情况，功能描述是否完整并正确。

2. 检查组员流程图绘制完成情况，看是否完整并正确，如不正确提出改进意见。

五、评估

项目	评价指标	自评	互评
专业技能	掌握全自动洗车场景流程	□合格 □不合格	□合格 □不合格
	掌握障碍物碰撞检测功能流程	□合格 □不合格	□合格 □不合格
	掌握远程限制人工驾驶功能流程	□合格 □不合格	□合格 □不合格

城市轨道交通列车自动控制系统维护任务工单

（续）

项目	评价指标	自评	互评
工作态度	正确查阅并解读资讯信息	□合格　□不合格	□合格　□不合格
	细路清晰有条理	□合格　□不合格	□合格　□不合格
	绘图细致描述清晰	□合格　□不合格	□合格　□不合格
个人反思		完成任务的质量、时间，是否达到最佳程度，针对不足之处，请提出个人改进建议	
教师评价	教师签字　　　　年　月　日	成绩	
		□合格　□不合格	